Dieses Buch informiert über Problemstellungen und Lösungsansätze der moralischen Legitimation staatlichen Strafens, wie sie im angloamerikanischen Sprachraum seit langem von Moral- und Rechtsphilosophie diskutiert werden. Die beiden wichtigsten theoretischen Ansätze, der Utilitarismus und die Vergeltungstheorien, werden in ihren verschiedenen Varianten ausführlich dargestellt und kritisch geprüft. Resultate der Untersuchung u. a.: Eine utilitaristische Theorie von Strafe und strafrechtlicher Verantwortung läßt sich gegen zahlreiche Standardeinwände erfolgreich verteidigen; eine liberale Rechtsethik führt keineswegs zu einer generellen Legitimationsschwäche in der Straftheorie, wohl aber zu einer unmißverständlichen Ablehnung der Todesstrafe. Die Anwendbarkeit moralischer Rechtfertigungen wird jedoch insgesamt und speziell im Blick auf die Debatten zur Todesstrafe in den USA skeptisch beurteilt.

Dr. phil. habil. Jean-Claude Wolf, geb. 1953 ist Privatdozent und Oberassistent am Philosophischen Institut der Universität Bern. Arbeitsgebiete: Praktische Ethik, Tierethik, Rechts- und Religionsphilosophie. Buchveröffentlichungen: Sprache und Ethik (1983), Ethik ohne Speziesismus (1992), John Stuart Mills Utilitarismus. Ein kritischer Kommentar (1992 bei Alber).

Jean-Claude Wolf

Verhütung oder Vergeltung?

Alber-*Reihe*
Praktische Philosophie

unter Mitarbeit von
Norbert Hoerster, Reinhart Maurer,
Manfred Riedel, Robert Spaemann
und Meinolf Wewel

herausgegeben von
Günther Bien, Karl-Heinz Nusser
und Annemarie Pieper

Band 43

Jean-Claude Wolf

Verhütung oder Vergeltung?

Einführung in ethische Straftheorien

Verlag Karl Alber Freiburg/München

Die Veröffentlichung dieser Arbeit wurde durch einen Druckkostenbeitrag der Stiftung zur Förderung der Wissenschaftlichen Forschung an der Universität Bern ermöglicht.

Die Deutsche Bibliothek – CIP-Einheitsaufnahme

Wolf, Jean-Claude:
Verhütung oder Vergeltung?: Einführung in ethische Straftheorien / Jean-Claude Wolf. – Freiburg (Breisgau); München: Alber, 1992
(Reihe: Praktische Philosophie; Bd. 43)
ISBN 3-495-47726-8
NE: GT

Gedruckt auf alterungsbeständigem Papier (säurefrei)
Printed on acid-free paper

Satz und Druck: Offsetdruckerei J. Krause, Freiburg i. Br.
ISBN 3-495-47726-8

„Die Tötung des Verbrechers kann sittlich sein – niemals ihre Legitimation."
Walter Benjamin

Inhalt

Vorwort

Die Zielsetzung dieses kurzen Überblicks besteht in einer Exposition wichtiger Argumente in der Theorie der Rechtfertigung staatlichen Strafens im allgemeinen und in einer Stellungnahme gegen die Todesstrafe im besonderen. Für dieses Vorhaben wurde hauptsächlich die englischsprachige Fachliteratur benutzt, die in der deutschsprachigen Strafrechtsliteratur wenig Beachtung findet.
Im ersten Kapitel gehe ich auf die Definition von „Strafe" ein. Ich möchte zeigen, daß eine Definition unentbehrlich ist, daß sie neutral und doch zweckmäßig sein sollte. Einer Theorie ist schlecht gedient, wenn ihre Anerkennung mittels einer Definition erschlichen oder mit Hilfe einer Definitionssperre abgewehrt wird. Im zweiten Kapitel wird die soziale Realität, insbesondere die expressive Funktion der Strafe skizziert. Verschiedene Vorschläge zur Charakterisierung des Verhältnisses von Recht und Moral werden erörtert. Ich plädiere für die Beschränkung des Staates auf die strafrechtliche Durchsetzung einer Minimalmoral. Diese liberale Auffassung ist bescheiden, weil sie nur die Zustimmung zu einem Kern der Moral voraussetzt, und nicht die Erkenntnis einer umfassenden, einzig wahren Moral. Die Minimalmoral stützt sich im Wesentlichen auf das Prinzip der Verhütung der Schädigung nicht-zustimmender Personen. Dieses Prinzip ist – im Unterschied zu den anderen Vorschlägen – frei von politisch konservativen Tendenzen. Mit der Bezugnahme aufs Schädigungsprinzip wird eine liberale Straftheorie vorweggenommen,

die im achten Kapitel gegen diverse Einwände verteidigt wird.

Die Kapitel 3-7 sind den normativen Theorien der Rechtfertigung gewidmet. Das Bedürfnis nach Rechtfertigung von Strafen ergibt sich daraus, daß sie nicht nur Mißbilligung ausdrücken, sondern Zwang einschließen. Strafen sind deshalb problematischer als Kritik und Tadel. Weil das Strafrecht auf gravierende Weise ins Leben von Menschen eingreift und u. U. ganze Lebensläufe zerstört, steht es seit der Neuzeit und den Anfängen des Liberalismus im Mittelpunkt des rechtsphilosophischen Interesses – obwohl die Normendichte des Zivilrechts ungleich viel größer ist als jene des Strafrechts. Die Rechtfertigung von Strafen bewegt sich auf festgefahrenen Bahnen: Sie ist entweder folgenorientiert und präventiv (also im weitesten Sinne utilitaristisch) oder vergeltungsorientiert, d. h. retributiv.[1]

Die beiden feindlichen Lager – Utilitarismus und Retributivismus – sind in hohem Maße der Qualifizierung zugänglich, so daß es nicht leicht fällt, rasch für die eine oder andere Seite Partei zu ergreifen. Deshalb sollten in einer kursorischen Darstellung die Perspektiven aufgezeigt werden, die sich aus der Verfeinerung beider Theorieansätze ergeben.

Im dritten Kapitel wird – im Anschluß an Jeremy Bentham – die utilitaristische Theorie der Strafe erörtert. Diese Theorie ist tauglicher, als es die zahlreichen, zu Klischees erstarrten Einwände vermuten ließen. Im Speziellen ist

---

[1] Das lat. Verb „retribuere" bedeutet „zurückgeben", „wieder zustellen" oder „(jemandem das ihm Gebührende) zukommen lassen". Die Position des Retributivismus ist alles andere als eindeutig, und ein großer Teil der Diskussion ist der Beseitigung von Mehrdeutigkeiten und Unklarheiten gewidmet. – Zur Rekonstruktion des Utilitarismus vgl. Wolf 1990 b; 1992 c; 1992 d und 1992 e.

nicht auszuschließen, daß der Utilitarismus, dessen hauptsächliche Strafzwecke General- und Spezialprävention sind, auch das Prinzip der Verantwortung und seine qualifizierten Ausnahmen zu begründen vermag. Diese These wird im Exkurs über das Verantwortungsprinzip verteidigt.

In den Kapiteln 4-7 werden verschiedene Varianten des Retributivismus dargestellt und auf ihre Stärken und Schwächen untersucht. Die Ausführlichkeit, mit der diese Theorien und die leitenden Metaphern behandelt werden, sollte die Vielfalt von Intuitionen vor Augen führen. Die dritte Alternative einer Kombination oder „Mischtheorie" wird dagegen nur beiläufig gestreift, weil es unwahrscheinlich ist, daß die theoretischen und insbesondere praktischen Schwächen beider Theorien in einer „Synthese" behoben werden. Überdies muß eine konsistente kombinierte Straftheorie eine Hierarchisierung der Werte vornehmen, d. h. daß in ihr schließlich doch entweder Prävention oder Retribution dominiert.

Theorien, die einfach sind, haben eine große Anziehungskraft. Sowohl der Vergeltungsgedanke als auch die Idee der Prävention sind einfach. Bei genauerem Hinsehen wird aber bereits auf der Ebene der Theorie vieles kompliziert und undurchsichtig. Nicht nur die Vieldeutigkeit und Vagheit der Ideen und Emotionen von Vergeltung und Verdienst, sondern auch die Frage, wie man von einem Wunsch nach Vergeltung zu einer Legitimation von staatlichem Strafen gelangt, bilden beträchtliche Hindernisse auf dem Weg einer retributiven Theorie der Strafe. Die Begriffe von Schuld und subjektiver Zurechnung im Straftatsystem und das Ideal der Proportion zwischen Strafmaß und Größe des Verbrechens geben Rätsel auf. Die den Utilitarismus dominierenden Präventionsideen, die General- und Spezialprävention, scheinen dagegen gerade dort eine Lücke zu enthalten, wo der Retributivismus glänzt, nämlich im Bereich der gerechten Strafzumessung. Der Utilitarismus ist rein folgenorientiert; er ist, so lautet die Standard-Kritik, jedoch blind für die von allen Folgen unabhängige Verletzung von Prinzipien der Fairneß. Kantianisch gesprochen: Der Utilitarismus respektiert Personen nicht als Zwecke, sondern degradiert sie zu Mitteln für einen übergeordneten Zweck. Wenn es der Verhütung weiterer Straftaten dient, heiligt der Utilitarismus auch die Mittel der Bestrafung Unschuldiger, drakonischer Strafen für Bagatelldelikte, der Mißachtung von Entschuldigungsgründen, mildernden Umständen oder verminderter Zurechnungsfähigkeit.

Die genannten Einwände sind ebenso klischeehaft wie die Positionen, gegen die sie sich richten. Hält man sich an überlegte Stellungnahmen, so wird man selten auf den Utilitaristen stoßen, wie ihn seine Kritiker zeichnen; umgekehrt braucht sich der Retributivismus nicht auf eine Rationalisierung obskurer Intuitionen und Vergeltungswünsche zu reduzieren.

Die Strafe ist nicht nur das schärfste Schwert des Staates, sie ist auch ein zweischneidiges Schwert. Sie ist nicht nur Schutz vor Rechtsverletzungen, sondern auch Bedrohung – man denke z. B. an Justizirrtümer oder die Ausweitung der unter Todesstrafe stehenden Verbrechen in Diktaturen. Eine spezielle Sensibilität für die Machtkonzentration des Staates und dessen rechtsstaatliche Zähmung ist ein Ingrediens des Liberalismus. Gemeint ist v. a. jener Liberalismus, der neben dem Programm der „Rule of Law" auch die radikale Diskussionsfreiheit und das Prinzip der Toleranz gegenüber fremdartigen Lebensexperimenten einschließt. Dieser Liberalismus, der im 19. Jahrhundert von John Stuart Mill formuliert wurde, zieht dem Zwangsrecht enge Grenzen. Er reduziert die Funktion des

Strafrechts im Wesentlichen auf die erlaubte Verhütung der Schädigung anderer, nicht-zustimmender Parteien, und er verwahrt sich gegen gesetzlichen Paternalismus, Moralismus und auch gegen die strafrechtliche Verfolgungen von Störungen und Ärgernisse – es sei denn, daß es sich um besonders penetrante und unausweichliche Störungen oder um besonders provozierende öffentliche Ärgernisse handelt.

Die Kritik, die dem Liberalismus generell „Legitimationsschwäche“ in der Straftheorie vorwirft, wird im achten Kapitel als zu pauschal zurückgewiesen. Schon im Blick auf Klassiker wie Kant und Mill, die für harte Strafen plädiert haben, erscheint diese Kritik historisch verfehlt. Selbst der Anspruch moderner liberaler Theorien auf Neutralität des Staates in bezug auf Fragen des guten Lebens raubt dem Staat nicht notwendig die Autorität zur strafrechtlichen Durchsetzung einer Minimalmoral und zur Verhütung einiger schwerwiegender Störungen und Ärgernisse. Allerdings sollten Liberale auch nicht zimperlich sein, wenn es darum geht, der lokalen Verschlechterung der „moralischen Atmosphäre“ durch kommerzialisierte Brutalität und Obszönität entgegenzuwirken. Soll das Strafrecht z. B. zur Einführung privater Clubs mit tödlichen Gladiatorenkämpfen, wie sie in den USA unter Berufung auf den freien Markt gefordert werden, schweigen? Der Fall ist brisant, sofern angenommen wird, es handle sich um zustimmende Parteien und die Erregung öffentlichen Ärgernisses werde sorgfältig vermieden.

Die beiden letzten Kapitel sind der Diskussion der Todesstrafe gewidmet. Was die Argumentation gegen die Todesstrafe betrifft, soll hier nicht einfach die Rhetorik von amnesty international repetiert werden – so sehr ich persönlich die politische Arbeit und Zielsetzung dieser Organisation begrüße und von ihren Berichten profitiert habe.

Auf wirksame, aber allzu simple Argumente – die Todesstrafe verstoße gegen die Heiligkeit des Lebens, gegen das unverwirkbare Recht auf Leben, sie sei *an sich* „ungewöhnlich und grausam“ etc. – wird verzichtet; auch das Argument, Todesstrafe erniedrige bzw. entwürdige das Individuum, wird mit Zurückhaltung beurteilt. Trotzdem sollte meine Stellungnahme gegen die Todesstrafe aus staatsethischen Gründen eindeutig genug sein. Sie bringt einen Gedanken von Walter Benjamin zu Entfaltung, der als Motto vorangestellt wurde.

An dieser Stelle sind die Namen einiger Personen zu nennen, die mir wichtige Hilfe boten. Michael Baurmann hat mich auf redaktionelle Mängel hingewiesen und mehr eigene Stellungnahmen verlangt. Prof. Karl-Ludwig Kunz hat mich auf einschlägige deutschsprachige Titel hingewiesen und einen Teil des Manuskripts durchgesehen. Sein rechtstheoretisches Kolloquium an der Universität Bern hat manche Klärung und Anregung gebracht. Anna Kusser hat einen Abschnitt des Manuskripts kritisch kommentiert; Daniel Brühlmeier vermittelte wichtige Literaturhinweise zum Thema „Strafe und Liberalismus“. Lebhafte Diskussionen mit Robert Antener haben mich zu Umformulierungen dieses Kapitels angeregt. Der angenehme Kontakt mit dem Verlag hat den bissigen Ausspruch von Albert Vigolais Thelen widerlegt, der Verleger sei der natürliche Todfeind des Autors. Schließlich hat Frau Prof. Annemarie Pieper die Drucklegung mit freundlicher Beratung und Unterstützung ermöglicht. Den Genannten möchte ich ganz herzlich danken.

1. Der Begriff der Strafe

Wir glauben zu wissen, was Strafen sind, doch wir verfügen nur über ein diffuses Vorverständnis, das – mit Hilfe einer Definition oder sprachlichen Explikation – der Präzisierung bedarf. Der Ausdruck „Strafe" ist alles andere als eindeutig. Eltern strafen ihre Kinder, Gott straft das Volk Israel, der Dichter straft den Philister mit Verachtung, der Schiedsrichter straft den brutalen Mittelstürmer, das Verhalten des Patienten ist Ausdruck einer unbewußten Selbstbestrafung, der Sturm auf hoher See wird als Strafe empfunden etc. Es ist nicht sicher, ob diese verschiedenen Verwendungen überhaupt einen gemeinsamen Bedeutungskern haben. Eine Definition oder Explikation soll die Bedeutung des Ausdrucks „Strafe" so präzisieren, daß 1) einige wichtige Konnotationen der alltagsprachlichen Verwendung des Ausdrucks erhalten bleiben, 2) einige unwichtige Konnotationen ausgeschieden werden und 3) der definierte Ausdruck eine klare Diskussion der Bewertung von Strafen erleichtert.

Im Folgenden werden wir uns nur mit Strafen beschäftigen, die von Akteuren verhängt werden. Andere Ereignisse – z. B. Schicksalsschläge, die als „Strafe" empfunden werden – scheiden aus. Gegenstand einer ethischen Erörterung können überdies nur Strafen sein, die A einem B bewußt zufügt, wobei wir voraussetzen, daß A und B nicht identisch sind. „Selbstbestrafung" wird damit ausgeschieden, denn dieses psychologisch interessante Phänomen wirft keine moralischen Fragen auf. Schließlich können wir vom theologischen Kontext absehen und uns ganz auf den rechtlichen Begriff der Strafe konzentrieren; wenn es einen strafenden Gott gibt, ist es nicht an uns, seinen Ratschluß moralisch zu beurteilen. Was uns interessiert, sind die Rechtfertigungsgründe für forensische Strafen. Doch nun zur Definition.

Einem Vorschlag von Hart und Primoratz folgend definieren wir gesetzliche Strafen als Übel, welche einem Gesetzesbrecher von einer menschlichen Instanz absichtlich als Übel zugefügt werden, wobei diese Instanz von der Rechtsordnung autorisiert ist, deren Gesetze der Täter verletzt hat.[2] Der Ausdruck „Übel" steht für alles, was Menschen gewöhnlich nicht wünschen, daß es ihnen angetan wird – also nicht nur Schmerz oder Leiden, sondern auch Freiheitseinschränkungen, Benachteiligungen, Entzug von Vorteilen etc. Die Definition schließt nicht aus, daß auch Sanktionen infolge von Justizirrtümern „Strafe" genannt werden können. Zu eng ist daher eine Definition, welche einschließt, daß die bestrafte Person schuldig *sei*. Eine restriktive Definition findet sich z. B. bei Anthony Quinton.[3] Aus ihr scheint zu folgen, daß Strafgerechtigkeit „selbstrechtfertigend" ist, d. h. daß die Schuld die Strafe rechtfertige.[4] Für eine Definition notwendig ist le-

---

[2] Hart 1959/1960, 4 ff.; Primoratz 1989, 1 ff. verteidigt den Vorschlag gegen die Kritik von Honderich 1969, vgl. Neuauflage 1989 a, 15, 19, 208. Ein Anknüpfungspunkt für neuere Definitionsvorschläge ist Hobbes, Leviathan, Kap. 28. Zu Hobbes' Straftheorie vgl. Cattaneo 1965 und Norrie 1991, Kap. 2. Die Definition von Hart deckt sich mutatis mutandis mit Vorschlägen von Flew 1954 und Benn 1958.

[3] Quinton 1953/1954, 133-142, wieder abgedruckt in:; Morris 1961. Er hält den Retributivismus für eine „logische Doktrin", d. h. für ein metatheoretisches Postulat, das den Begriff der Strafe definiere, während der Utilitarismus eine moralische Doktrin sei. „Strafe impliziert Schuld" sei die selbe Sorte von Behauptung wie „Sollen impliziert Können".

[4] „Either punishment must be self-justifying, as the retributivists claim, or it must depend for its justification on something other than itself, the

diglich die Voraussetzung, daß die Bestraften von der strafenden Instanz für Gesetzesbrecher *gehalten werden*. Die Definition schließt mithin nicht die irrtümliche, aber die wissentliche (eventuell geheim gehaltene) Pönalisierung Unschuldiger aus. Damit soll nicht behauptet werden, es sei unter keinen Umständen moralisch erlaubt, Unschuldigen Übel zuzufügen, sondern nur, daß eine solche Praxis aus Gründen der Verständigung nicht Strafe genannt werden sollte.[5] Dieser terminologische Vorschlag hat zwei Vorteile: Einerseits soll es niemandem gestattet sein, unter dem Vorwand der Strafe vorsätzlich etwas zu tun, was mit Strafe nur entfernt verwandt ist. Vorsätzliche Pönalisierung Unschuldiger, die vielleicht dazu dient, Schuldgefühle zu erzeugen oder Rachebedürfnisse zu befriedigen, ist etwas, was der Strafe gefährlich ähnlich scheint, aber besser mit einem völlig anderen Namen (z. B. „Sozialchirurgie") zu bezeichnen wäre. Dieser andere Name erlaubt nun – und das ist der zweite Vorteil der terminologischen Klärung – die moralische Seite einer sozialen Praxis, in der absichtlich Unschuldigen Übel zugefügt werden, zu erörtern, ohne eine sog. „Definitionssperre"[6] zu errichten. Die Definitionssperre basiert auf einem Mißbrauch jener Bedingungen paradigmatischer Strafen, daß sie Strafen für einen Gesetzesbruch und für einen tatsächlichen oder zu-

---

general formula of ‚utilitarianism' in the wide sense appropriate here." Quinton 1953/1954 in: Morris 1961, 513. Konfus ist die Behauptung: „where utility is a moral, guilt is a logical justification" (517). So betrachtet wäre der Retributivismus keine moralische Rechtfertigungstheorie der Strafe. Die gleiche Konfusion ist in John P. Conrads Exposition des Retributivismus zu beobachten – vgl. van den Haag und Conrad 1986, 19 f.

[5] John Rawls hat vorgeschlagen, eine solche Praxis „telishment" zu nennen. Vgl. Rawls 1955 in: Höffe 1975, 102. Vgl. auch Schedler 1975/1976; Schedler 1977.

[6] Der Ausdruck „Definitionssperre" (definitional stop) stammt von H. L. A. Hart 1959/1960 in: Hart 1968, 5.

mindest vermeintlichen Gesetzesbrecher sind. Diese Bedingungen werden so umgedeutet, daß Strafe nur erfolgen dürfe, *weil* ein Gesetzesbruch vorliege und *weil* sie gegen jemanden gerichtet sei, der als Gesetzesbrecher identifiziert wurde. Diese Umdeutung setzt an die Stelle des harmlosen „für“ ein „weil“ und macht eine Definition zu einer Rechtfertigung.

Die Kritik von Ted Honderich[7] an diesem Definitionsvorschlag beruht auf der Unterstellung eines solchen Fehlers. Honderich sieht sich veranlaßt, eine kürzere Definition (er nennt sie auch „Beschreibung“) zu adoptieren. „Laßt uns Strafe einfach als Verhängung einer gesetzlichen Strafe [penalty] gegen einen Gesetzesbrecher [offender] beschreiben.“[8] Er glaubt, aus der längeren Definition folge, daß von „Strafe“ nur dann die Rede sein könnte, wenn ein Richter überzeugt sei, die Strafe, die er auferlegt, sei gerechtfertigt, weil *verdient*. Diese längere Definition – so meint Honderich – präjudiziere eine retributive Theorie der Strafe. Honderich scheint den Unterschied zwischen „Strafe *für* ein Vergehen“ und „*wegen* eines Vergehens verdiente Strafe“ nicht zu bemerken. Seine Korrektur wird überflüssig, wenn man den von Primoratz monierten Unterschied zwischen „für“ und „wegen“ beachtet. Die längere Definition nimmt also nicht die Frage vorweg, ob die Strafe *wegen* des Gesetzesbruches verhängt wird. Strafe wird lediglich als ein *für* eine Gesetzesverletzung zugefügtes Übel definiert. Andernfalls wäre die Definition nicht mehr neutral bezüglich der substantiellen Streitfra-

[7] Honderich 1969, 19.

[8] Ebd. In der Neuauflage 1989 a wird die Kurzdefinition auf S. 208 wiederholt. Der Ausdruck „penalty“ scheint die absichtliche Zufügung von „Unannehmlichkeit“ [distress] zu bezeichnen. Mit dem Ausweichen auf „penalty“ vermeidet Honderich die Zirkularität, welche meiner deutschen Übersetzung mit „Strafe“ anhaftet.

ge, ob der Gesetzesbruch als solcher und isoliert betrachtet ein hinreichender Strafgrund ist (was z. B. der im 5. Kapitel erörterte nicht-klassische oder legalistische Retributivismus annimmt), oder ob der tragende Rechtfertigungsgrund in den Folgen der Strafe besteht. Die Definition bewahrt also den semantischen Bezug der forensischen Strafe zum Gesetzesbrecher, aber sie bleibt neutral hinsichtlich der Alternative zwischen utilitaristischer und retributiver Rechtfertigung. Nur so wird der Unterschied zwischen Definition und Theorie gewährleistet.

Kritiker der längeren Definition scheinen oft zu übersehen, daß zunächst von *paradigmatischen* Strafen die Rede war; die Möglichkeit atypischer „Strafen“ wird damit nicht ausgeschaltet. Definitionen sind nicht zu verwechseln mit der Auflistung notwendiger und hinreichender Bedingungen. Vielmehr gibt die Definition Bedingungen an, von denen einige – wenigstens in den meisten oder typischen Fällen – erfüllt sein müssen, wobei es nicht notwendig ist, daß *alle* Bedingungen in allen typischen Fällen vorkommen. Nach Hart gibt es sekundäre Verwendungen des Begriffs, nämlich:

a) Strafen, die nicht durch amtliche Organe auferlegt oder vollzogen werden, obwohl eine Verletzung rechtlicher Normen vorliegt (dezentralisierte Sanktionen).
b) Strafen für die Verletzung außerrechtlicher Normen oder Anordnungen (Strafen in der Familie oder Schule).
c) Die stellvertretende oder kollektive Bestrafung von Mitgliedern einer sozialen Gruppe für Taten, die andere ohne ihre Ermächtigung, Anstiftung, Kontrolle oder Erlaubnis begangen haben.
d) Die Bestrafung von Personen (außer solchen, die unter c) fallen), die weder tatsächlich noch vermutlich eine Normverletzung begangen haben.

Die Definitionssperre hat also den Effekt, daß die Diskussion diffuser Sanktionen und gewisser Formen der „Sozialhygiene“ zur Verhütung von anti-sozialem Verhalten, die auch „Unschuldige“ treffen könnten, mit dem Kommentar abgebrochen wird, dabei handle es sich nicht um Strafen. Mit diesem Streich wird die unbequeme Frage, ob „Sozialchirurgie“ unter Umständen sittlich erlaubt sei, keineswegs offen beantwortet. „Keine Straftheorie kann es sich leisten, diese Frage mit einer Definition zu erledigen.“[9]

Trotz aller Bedenken gegen Definitionssperren und dem Interesse an einer klaren Unterscheidung zwischen Definition und Rechtfertigung darf nicht verschwiegen werden, daß Definition und Rechtfertigung nicht völlig unabhängig voneinander sind. Doch eine Definition ist an sich kein Argument für die Rechtfertigung. Wer z. B. Strafe als Zufügung von Übeln mit dem Ausdruck moralischer Mißbilligung definiert und Strafe für einen essentiell moralischen Begriff hält, offeriert mehr als eine Verbaldefinition, nämlich eine Wesensdefinition bzw. eine Minitheorie. Die Behauptung einer essentiell moralischen Natur der Strafe ist entweder eine nicht-empirische Wesensbehauptung – wie solche Behauptungen zu überprüfen sind, ist nicht klar. Oder es handelt sich um eine soziologische These, die empirisch wahr oder falsch ist – im Unterschied zu einer Verbaldefinition, die bloß mehr oder weniger zweckmäßig ist. Es wird oft übersehen, daß die Behauptung einer expressiven Funktion der Strafe keine reine Verbaldefinition ist und daß sie daher nicht am Anfang, sondern eher am Ende eines längeren Arguments für eine Straftheorie vorkommen sollte, in deren Mittelpunkt Begriffe von Verdienst oder gerechter Vergeltung stehen. Der alte Streit, ob man eine Untersuchung mit Definitio-

[9] Hart 1959/1960, dtsch. 1971, 63.

nen beginnen soll oder ob Definitionen erst im Verlauf der Untersuchung gewonnen werden, läßt sich einfach beantworten. Die Exposition einer Theorie sollte mit einigen wichtigen Verbaldefinitionen beginnen; erst im weiteren Verlauf der Untersuchung werden wir dagegen zu Wesensdefinitionen (d. h. Minitheorien) gelangen. Die Verwechslung von Verbaldefinitionen mit Wesensdefinitionen und die Vermischung von Definitionen und Listen von notwendigen und hinreichenden Bedingungen geben Anlaß zu zahlreichen Konfusionen.

Die angenommene Autorisierung der strafenden Instanz, welche in die Definition von Strafe aufgenommen ist, muß nicht als moralische Autorisierung verstanden werden. Das Verhältnis von Autorität und Strafe ist so zu sehen, daß Strafe bereits eine Autorität voraussetzt, und nicht eine solche kreiert. Allerdings kann die Praxis der Strafe eine verstärkende (oder schwächende) Rückwirkung auf die Autorität haben. Ob die autorisierenden Instanzen – eine Regierung oder ein Verfassungsgerichtshof – ihrerseit moralisch legitimiert sind, ist eine tieferliegende Frage. Die im Definiens enthaltene Bezugnahme auf eine Autorität dient lediglich der Abgrenzung von Strafe gegen Rache.[10] Rache gilt im neuzeitlichen Staat nicht als Strafe, weil erwachsene Bürger als Privatpersonen untereinander keine Strafbefugnis haben. Der Staat hat das Strafmonopol. Auch bei den Ausdrücken „Vergehen" oder „Verbrechen" handelt es sich nicht notwendig um moralische Kategorien. Die Definition läßt es offen, ob der Rechtsbruch moralisch verwerflich und das einem Täter zugefügte Übel moralisch legitim ist.

---

[10] Vielleicht müßte man dem Begriff der Autorität noch den der etablierten Regeln hinzufügen. Kennedy 1976 meint, ohne bereits etablierte Regeln und eine Form von Autorität gäbe es keine „Strafe".

Die moralisch neutrale Definition eignet sich für die Erörterung verschiedener moralischer Rechtfertigungsversuche. Daraus folgt nicht, daß sie sich für alle wissenschaftlichen Kontexte – etwa für Rechtsgeschichte und Rechtssoziologie – tout court als nützlich erweisen müßte. Zwar ist diese Definition „philosophisch", aber pragmatisch, nicht „essentialistisch"; sie gibt keine Antwort auf die Frage, was die Strafe ihrem eigentlichen Wesen nach sei. Einige Rechtssoziologen werden – bei aller Kritik an ihrem großen Vorgänger Emile Durkheim – dessen moralische Konzeption von Strafe vorziehen. (Wir werden sie im nächsten Abschnitt ausführlicher zur Sprache bringen.) Man darf jedoch nicht übersehen, daß Durkheims Theorie vielschichtig ist. Einerseits betont er nämlich, daß Strafe kaum präventiv wirksam sei, andererseits glaubt er, Strafe habe einen „höheren Nutzen", indem sie die „Solidarität unter den Rechtschaffenen" festige. Ob eine reale Justiz *tatsächlich* dieses Ziel *erreicht* und ob die damit verbundenen „sozialen Kosten" vernachlässigbar sind, darf eine empirische Rechtssoziologie nicht axiomatisch voraussetzen. Ein Satz wie etwa der folgende von George Herbert Mead: „Allem Anschein nach würde ohne den Verbrecher der Zusammenhalt der Gesellschaft verschwinden."[11] ist ebensowenig ein Element der *Definition* von Verbrechen, wie die These, ohne Strafe „breche eine Gesellschaft auseinander" ein Element der *Definition* von Strafe ist.

[11] Mead 1917/1918, dtsch. 1980, 270. Meads Aufsatz „The Psychology of Punitive Justice" ist nur oberflächlich betrachtet ein Echo von Durkheims Theorie. Einerseits sagt er „seemingly", läßt es also offen, ob die Interdependenz zwischen gesellschaftlicher Kohäsion und Verbrecher tatsächlich besteht, andererseits verfolgt der Aufsatz eine ganz andere Stoßrichtung: Mead kritisiert die feindseligen sozialen Rituale, welche nicht nur innerhalb der Strafpraxis, sondern auch in den Vorgängen des Ersten Weltkrieges ihre destruktive Macht entfalten. Vgl. Garland 1990, 77.

Der von Durkheim ausgeleuchtete moralisch-expressive, rituell-symbolische Aspekt der Strafe ist gegenwärtig nur noch in Teilen des Gerichtsverfahrens und in ihrer öffentlichen rhetorischen Repräsentation in den Medien anzutreffen. Auf den vorwiegend administrativen Strafvollzug findet seine Charakterisierung kaum Anwendung. Die Organisation von Gefängnissen und von Bewährung und Resozialisation ist – ihrem Selbstbild nach – vorwiegend bürokratisch, während die theatralische Denunziation des „Täters“ nur noch eine sehr untergeordnete Rolle spielt. Daß auch und gerade diese „Verwaltung“ von Menschen im Strafvollzug Leiden und Entmündigung hervorbringt und im Endeffekt gleichwohl zur definitiven Ausgliederung aus der Gesellschaft führen kann, macht den Strafvollzug – auch wenn er relativ frei ist von den Momenten öffentlicher moralischer Anklage – nicht etwa zu einer moralisch unbedenklichen Behandlung. Überdies bedient sich auch der bürokratisch-rationale Strafvollzugsapparat einer symbolischen Selbstdarstellung.
Die sog. expressive Funktion der Strafe sollte für unser Vorhaben weder der Verbaldefinition inkorporiert noch generell überbetont oder verabsolutiert werden. Daß Strafen de facto eine stigmatisierende Funktion haben, ist eine empirische Aussage, die sich sozialwissenschaftlich erhärten läßt. Man kann die sog. expressive Funktion der Strafe zum Bestandteil einer Wesensdefinition von Strafe machen. Wer jedoch die Verbaldefinition von „Strafe“ so wählt, um über ein zusätzliches Argument für eine retributive Straftheorie und gegen ein System der Erfolgshaftung zu verfügen, verfolgt eine unstatthafte Strategie.

2. Straftheorien – Recht und Moral

Straftheorien sind 1) Theorien, die *erklären*, warum Menschen eine Neigung zum strafen verspüren, warum Menschen strafen und bestraft werden; 2) sind sie Theorien, welche *Gründe* bzw. *Rechtfertigungen* angeben. Dieser Unterschied wird oft übersehen. Eine mögliche Erklärung von Strafen besteht z. B. darin, daß sie aus einem dunklen und barbarischen unbewußten Bedürfnis nach Vergeltung aufsteigen. Diese Erklärung wird wohl kaum je ernsthaft als Grund oder Rechtfertigung vorgetragen. Damit soll nicht bestritten werden, daß es Berührungspunkte zwischen Genesis und Geltung gibt und daß es Rechtfertigungstheorien gibt, die der Genealogie der Strafe aus unbewußten Quellen in besonderem Maße Rechnung tragen. Zu diesen Theorien gehört einerseits der *Präferenz-Utilitarismus*: Falls Groll und Ressentiment gegen Straftäter eine informierte Präferenz zum Ausdruck bringen, muß diese Präferenz nach Intensität und Dauer gleich gewichtet werden wie alle anderen Präferenzen. Zu diesen genealogisch orientierten Theorien gehört andererseits die *Evolutions-Ethik*, welche – wie auch immer im Detail – den Wert der zurechnenden Emotionen und der darauf aufbauenden Sanktionen mit ihrem Selektionsvorteil in Zusammenhang bringt. Eine Sonderstellung nimmt überdies die Katharsis-Theorie ein, welche Strafe als eine reinigende Abfuhr von Aggressionen erklärt und legitimiert. Die Katharsis-Theorie beruht auf folgender Überlegung: Die Menschen können nicht anders, als Gesetzesbrechern grollen. Groll und Übelnehmen sind unvermeidbare Gefühlsreaktionen. Jeder Versuch, das Strafrecht völlig zu entmoralisieren und jede Anstrengung, die Reaktion des Übelnehmens zu überwinden und eliminieren, sind zum Scheitern verurteilt.

Die Institutionalisierung der Strafe dient dazu, diese Emotionen zu kanalisieren und ihre z. T. richtungslose Unverhältnismäßigkeit in Bahnen zu lenken. Doch wenn es eine minimale Flexibilität der Instinkte und Emotionen des Ressentiments gibt, dann können diese Bahnen verschieden verlaufen, mehr oder weniger eng sein etc. Die Determiniertheit unserer Gefühlsreaktionen geht also nicht so weit, daß wir den Vergeltungsinstinkten völlig ausgeliefert wären oder daß es keine anderen Mittel und Wege gäbe, unseren Aggressionshaushalt zu regulieren.

Die Katharsis-Theorie engt den Blickwinkel ein auf die reinigende Wirkung der Strafe auf den Strafenden oder auf jene, denen die Bestrafung eines Schuldigen Genugtuung bereitet. Ihre Vertreter laufen Gefahr, übergangslos von einer funktionalen Beschreibung in eine wertenden Parteinahme für das Opfer und gegen den Täter zu verfallen. Die weiteren Folgen der Strafe für den „Sündenbock“[12] – abgesehen davon, daß er leiden muß – erscheinen aus dieser Optik als irrelevant.

Als Vorschlag für eine *moralische* Begründung der Strafgerechtigkeit ist diese Theorie daher unakzeptabel. Denn die Pointe einer ethischen Vergeltungstheorie der Strafe besteht darin zu zeigen, daß die den Bestraften auferlegte

[12] Im Zwölftafelgesetz der Römer ist für fahrlässige Tötung die stellvertretende Bestrafung eines Bockes vorgesehen: „Si telum manu fugit magis quam iecit, aries subicitur.“ (Wenn die Waffe mehr von der Hand geflohen ist, als er sie geworfen hat, wird ein Bock gestellt.) „Der Sündenbock ist in diesem Fall stellvertretend für den Täter das Objekt der Rache.“ Söllner 1985, 58.

Leiden einen anderen Sinn und Zweck[13] haben als nur die Befriedigung von Vergeltungswünschen. Wie die Gefühle zu kultivieren und kontrollieren sind, sagt uns nicht allein die Psychologie, sondern – mit unparteiische Rücksicht auf die Interessen aller Parteien – die Ethik.

Die Erklärung der Strafe aus unbewußten Quellen spielt in biologischen, psychologischen und soziologische Erklärungen der Strafe eine Rolle. Sie besagen, daß Strafen der symbolischen und rituellen Bewahrung der Gemeinschaft dienen. Ihre Funktion besteht in einer Solidarisierung der Mitglieder einer Gesellschaft; das streng ritualisierte und religiös bedeutsame „Fest" der Bestrafung bringt gemeinsame Wertvorstellungen und ein Gefühl der Zusammengehörigkeit zum Ausdruck, ja sie stiftet und festigt „soziale Kohäsion".

Emile Durkheim hat die Thesen vertreten, daß die Strafe religiöse Ursprünge hat, „mechanische Solidarität" unter den „Ehrbaren" bewirkt und die moralische Mißbilligung „der" Gesellschaft bzw. das moralische Kollektivbewußtsein zum Ausdruck bringt. In einer größeren Gesellschaft, in der es Wertpluralismus und beschleunigten sozialen Wandel gibt, wird diese Korrelation zwischen Strafe und Moral jedoch mehrdeutig. Wertvorstellungen verändern sich von Generation zu Generation, und sie variieren von Gruppe zu Gruppe. Das Verhältnis von Recht und Moral erweist sich als komplex und widersprüchlich.

---

[13] Manchmal wird gesagt, die Strafe trage ihren Zweck in sich selber. Damit ist gemeint, daß das Ziel der Strafe im Vollzug derselben erreicht wird und nicht in irgendwelchen „äußerlichen" Folgen liegt. Die Strafe hat einen immanenten Zweck. Das könnte heißen, Strafe sei auf Schulderkenntnis, Buße und Reue des zu Bestrafenden angelegt. Diese These sollte jedoch nicht mit der falschen These verwechselt werden, Strafe sei „Selbstzweck" bzw. rechtfertige sich selber, so wie z. B. ein Spaziergang sich selber rechtfertige. Strafhandlungen können nicht moralisch indifferent sein!

Ein Vorschlag zur Behebung dieser Situation liegt darin, das Strafrecht zu entmoralisieren. Wie wir bereits andeuteten, läuft dieser Versuch auf eine Elimination staatlichen Strafens hinaus, denn staatliches Strafen läßt sich – im Unterschied zu Besteuerung, Therapie, Quarantäne oder anderen Maßnahmen – nicht völlig von moralischer Mißbilligung trennen. Vollständige Entmoralisierung des Strafrechts ist unvereinbar mit der Tatsache, daß das Strafrecht in hohem Maß moralisch rechtfertigungsbedürftig ist und de facto immer der Durchsetzung gewisser moralischer Wertvorstellungen dient – sei es auch nur der Vorstellung, daß z. B. Mord und Vergewaltigung moralisch verdammenswert seien.[14]

Das Dilemma zwischen Wertpluralismus der Gesellschaft und Entmoralisierung des Strafrechts läßt sich überwinden. Als ersten Schritt schlägt MacCormick vor, nicht die Gesellschaft, sondern den Staat als „Subjekt" zu verstehen; die Strafe bringt die Mißbilligung und Wertung des

[14] Vgl. MacCormick 1982. Da das Strafrecht immer mit Zwang verbunden ist, gibt es einen engen Zusammenhang zwischen Strafe als Ausdruck von sittlicher Mißbilligung, als Erzwingung und Durchsetzung von Moral. Auf diese Unterscheidung hat mich Anna Kusser aufmerksam gemacht. Gleichwohl scheint die erste Formulierung schwächer zu sein, und es ist nicht notwendig anzunehmen, daß das Strafrecht, indem es zwingt und moralische Mißbilligung zum Ausdruck bringt, auch Moral erzwingt bzw. durchzusetzen versucht. Vielmehr könnte man z. B. auch die Auffassung vertreten, daß das Strafrecht mit einer bestimmten Strafe die Mißbilligung von A zum Ausdruck bringt und damit die Prävention von B beabsichtigt, wobei A die Gesinnung eines Mörders, während B die aktive Vorbereitung und Ausführung des Mordes sei. Während sich also die Mißbilligung v. a. gegen die „mens rea" richtet, bezieht sich die Präventionsabsicht v. a. gegen die Schadenswirkung erfolgreicher Straftaten. Strafbar sind nicht Bewußtseinszustände als solche, doch diverse Erschwerungs- und Entschuldigungsgründe beziehen sich auf die „mens rea" des Täters. Strafbar sind – wenn auch in geringerem Maße – erfolglose Vorbereitungshandlungen zu Verbrechen. Zur Begründung vgl. Brady 1980; Davis 1986 b sowie Wolf 1992 a.

Staates zum Ausdruck. Diese neue These muß jedoch präzisiert werden. Die Frage, was der Staat mit dem Strafrecht erzwingt, läßt sich nämlich folgendermaßen beantworten:

1) Der Staat setzt die *wahre Moral* durch.
2) Der Staat setzt die *positive Moral* durch
3) Der Staat setzt *seine Selbsterhaltung* durch.
4) Der Staat setzt eine *Minimalmoral* durch.

Die erste These ist auf den ersten Blick mit einer Gesellschaft unvereinbar, in der es verschiedene und z. T. stark voneinander abweichende Auffassungen von Moral gibt. Ganz besonders die Ideale und Vorstellungen vom guten Leben sind persönlich und individuell. *Die toto coelo wahre Moral* – selbst wenn es sie gäbe – findet nicht allgemeine Zustimmung. Überdies sind der Ort der Konstitution von Sitte und Sittlichkeit in diesem umfassenden Sinne Gemeinschaften und Gruppen, nicht der Staat. Viel mehr als staatliche Strafen tragen die diffusen Sanktionen in Familie und anderen Vereinigungen zur frühen Sozialisation bei. In seiner Kritik an Auguste Comte hat Durkheim festgehalten, daß der Staat nicht in der Lage wäre, sua sponte Einheit oder Einheitlichkeit der Moral zu stiften – sei es der „wahren“ oder der „dominierenden“ Moral.[15]

Durkheim vertritt explizit die zweite These, d. i. die Auffassung, daß Taten kriminell sind, weil sie das gemeinsame Bewußtsein verletzen, und nicht etwa umgekehrt.[16] Fol-

---

[15] Durkheim 1988, 426 ff. Die Unterscheidung zwischen „wahrer“ und „von der Mehrheit für wahr gehaltener“ Moral verliert bei Durkheim ihre Bedeutung.

[16] „... man darf nicht sagen, daß eine Tat das gemeinsame Bewußtsein verletzt, weil sie kriminell ist, weil sie das gemeinsame Bewußtsein verletzt“, ebd 130. Durkheim erwähnt Spinoza als Vorläufer dieses „Emotivismus“.

gerichtig betont Durkheim die *Passion* zu strafen. „Die Strafe besteht in erster Linie aus einer leidenschaftlichen Reaktion ... Die Leidenschaft, die die Seele der Strafe ist, hält erst inne, wenn sie sich erschöpft hat.“[17] Das Rachebedürfnis und der „öffentliche Zorn“, den die Strafe zum Ausdruck bringt, ist notwendig mit der Vorstellung von Sühne verknüpft. Strafe erfüllt de facto die Funktion einer gesellschaftlichen Verteidigungsmaßnahme, auch wenn sie nicht einem vorgefaßten Plan entspringt und insofern nur „eine grobe Waffe“ ist. „So kann man erklären, warum so oft Handlungen als kriminell eingestuft und als solche bestraft wurden, ohne daß sie an sich für die Gesellschaft schädlich gewesen wären.“[18] Ähnlich wie Nietzsche hält Durkheim also nichts von einer „utilitaristischen“ Deutung der Strafe, sieht aber ihre „grobe Rechtfertigung“[19] schließlich doch in ihrem Nutzen für den Zusammenhalt der Gesellschaft.

„... welches auch der Ursprung dieser Gefühle ist: sind sie erst einmal Teil des Kollektivtyps und zumal eines seiner wesentlichen Elemente, dann erschüttert alles, was dazu beiträgt, sie zu erschüttern, zugleich den sozialen Zusammenhalt und schädigt die Gesellschaft. Ihre Entstehung war in keiner Weise nützlich; aber nachdem sie einmal überdauert haben, müssen sie trotz ihrer Irrationalität notwendigerweise weiterbestehen. Darum ist es im allgemeinen gut, daß die Handlungen, die sie verletzen, nicht geduldet werden ... Obwohl sie [die Strafe] aus einer rein mechanischen Reaktion, aus leidenschaftlichen und zum größten

---

[17] Ebd. 135.

[18] Ebd. 157, vgl. auch 121.

[19] „Wenn wir sagen, daß die Strafe in ihrer vorliegenden Form ihre Daseinsberechtigung hat, so meinen wir damit nicht, daß sie vollkommen sei und nicht verbessert werden könnte. Es ist im Gegenteil nur zu deutlich, daß sie, weil sie zum größten Teil das Ergebnis rein mechanischer Ursachen ist, nur sehr unvollkommen für ihre Rolle geeignet sein kann. Es handelt sich nur eine grobe Rechtfertigung.“ Durkheim 1988, 160 Anm.

Teil unbedachten Regungen herrührt, spielt sie dennoch eine nützliche Rolle. Nur besteht diese Rolle nicht darin, was man ihr gewöhnlich unterstellt. Sie dient nicht oder nur sehr zweitrangig dazu, den Schuldigen zu korrigieren oder mögliche Nachahmer einzuschüchtern. In beiderlei Hinsicht ist ihre Wirksamkeit zu Recht zweifelhaft und auf alle Fälle mäßig. Ihre wirkliche Funktion ist es, den sozialen Zusammenhalt aufrechtzuerhalten, indem sie dem gemeinsamen Bewußtsein seine volle Lebensfähigkeit erhält ... Man kann also ohne Paradoxie behaupten, daß die Strafe in erster Linie dafür bestimmt ist, auf die ehrenwerten Leute zu wirken."[20]

Die zweite These, daß die Strafe nicht die „wahre Moral", sondern die „herrschende Moral" durchsetzt, ist mit einem ethischen Relativismus vereinbar. Sie setzt nicht voraus, daß sich die Mitglieder einer Gesellschaft auf eine „wahre" Moral einigen, sondern nur, daß sie sich mehrheitlich auf eine Moral einigen, die sie für die „wahre" halten. Die zweite These geht m. a. W. von den dominierenden Wertvorstellungen aus. Aufgabe des Staatsrechts ist es, die Überzeugungen und Ideale der Mehrheit durchzusetzen.[21] Solange es einen Mehrheitskonsens in Fragen

---

[20] Ebd. 158. Mechanische Solidarität basiert auf Ähnlichkeit bzw. gemeinsam geteilten Überzeugungen, während „organische Solidarität" der Verschiedenheit unter den Menschen entspringt. Durkheim formuliert den Effekt der Erzeugung mechanischer Solidarität auf 152 f. auch so: „Das Verbrechen bringt also das Bewußtsein aller ehrbaren Leute enger zusammen und verdichtet sie. Man braucht nur zu sehen, wie es, besonders in einer kleinen Stadt, zugeht, wenn sich ein Mordskandal ereignet hat. Man bleibt auf der Strasse stehen, man besucht sich, man trifft sich an bestimmten Orten, um über das Ereignis zu reden, und man empört sich gemeinsam. Aus allen diesen einander ähnlichen Eindrükken, die ausgetauscht werden, aus all den verschiedenen Zornesausbrüchen entsteht ein je nach Fall mehr oder weniger bestimmter einheitlicher Zorn, der der Zorn eines jeden ist, ohne deshalb ein ganz persönlicher zu sein; der öffentliche Zorn." Das Verbrechen ist also eine Verletzung der „Herdenmoral" und verlangt eine Neubestätigung und Verstärkung derselben.

[21] Dem Gesetzgeber in einer Demokratie kommt es nicht zu, die Wahr-

der Moral gibt, hält eine Gesellschaft zusammen. Die Durchsetzung der positiven Moral ist daher nicht nur praktikabel, sondern lebenswichtig für die Erhaltung der Identität einer Gesellschaft. Eine zunehmende Aufsplitterung in Randgruppen und Minoritäten bringt unlösbare Spannungen mit sich. Kulturelle Vielfalt mag gut und schön sein, doch sie trägt den Keim des Zerfalls in sich.

Die politisch konservativen Implikationen des so verstandenen Gesetzesmoralismus liegen auf der Hand. Es ist äußerst fragwürdig, das Strafrecht zum Instrument der Tyrannei der Mehrheit über Minderheiten zu machen und ihm die Aufgabe einer kulturellen Homogenisierung zu übertragen.[22] Durkheim selber muß seine These, daß die soziale Funktion der Strafe ihre *Rechtfertigung* impliziert, selber abschwächen, indem er von einer „groben Rechtfertigung" spricht. Schließlich bleibt zweifelhaft, was die „Identität" einer Gesellschaft ausmacht, wie viel sozialen Wandel sie zuläßt.[23] Im 8. Kapitel werden wir auf zwei Varianten des Gesetzesmoralismus zurückkommen.

---

heit der sozialen Moral zu verbürgen – er muß sie einfach als wahr übernehmen und voraussetzen. „Leider können schlechte Gesellschaften mit einer schlechten Moral so gut bestehen wie gute Gesellschaften mit einer guten Moral." Devlin 1965, 94. Für Devlin sind Vergehen gegen den Staat Vergehen gegen die Gesellschaft und damit mala in se (33). Die Moral der Individuen bildet ein Gewebe von Überzeugungen; Angriffe auf einzelne Elemente führen zur Schwächung des Ganzen (114 f.). Gegen Mills Freiheitspathos verweist Devlin auf eine völlig veränderte politische Lage, in der die für den Zusammenhalt notwendige Gemeinschaft und Gemeinsamkeit von Ideen äußerst gefährdet sei (107 f., 123).

[22] Das Strafrecht kann bestenfalls zur Homogenisierung einer allgemein anerkannten Minimalmoral in einer pluralistischen Gesellschaft beitragen. Damit ist gerade nicht eine Nivellierung der kulturellen Vielfalt gemeint. Vgl. die folgenden Bemerkungen zur vierten These.

[23] Mehr Material enthält Lukes und Scull 1983. Einflußreich wurde die Anomietheorie in den dreissiger Jahren durch Robert K. Merton. Einen Überblick findet man in Hassemer 1990, 42-47. Die neuere Strafrechts-

Die dritte These macht das Strafrecht zum Werkzeug der Staatsraison. Das kann zweierlei heißen, nämlich daß Strafen so gewählt und vollzogen werden müssen, daß damit die Autorität des Staates nicht unterminiert wird. So verstanden liefert die dritte These keinen unabhängigen Strafzweck, sondern nur eine triviale Rahmenbedingung: Strafen dürfen nicht in dem Sinne kontraproduktiv sein, daß sie die Autorität der strafenden Instanzen untergraben. Die dritte These kann jedoch so verstanden werden, daß Strafe die Mißbilligung jener Handlungen ausdrückt, welche die Lebensbedingungen des Staates gefährden. Sie deutet, wie das etwa Lord Devlin tut, alle Straftaten als tendentielle Akte der Subversion. So deutet er z. B. jeden Mord als „offence against society", und zwar insofern, als er gegen „das große moralische Prinzip verstößt, auf das die Gesellschaft gegründet ist, die Heiligkeit des menschlichen Lebens".[24] Er insistiert auf der Untrennbarkeit von Religion und Moral.[25] Immoralitäten vergleicht er mit Hochverrat, Anstiftung zur Meuterei und Verführung. Der Kampf des Rechts gilt der Natur dieser Aktivitäten; sie sind einzudämmen, wenn anders sie nicht auszurotten sind.[26]

Das ist jedoch eine unhaltbare Generalisierung. Sie setzt, ähnlich wie die unter These zwei kritisierte Desintegrationsthese, voraus, daß jedes Verbrechen epidemisch wird

---

soziologie knüpft z. T. wieder kritisch an Durkheim und die Durkheim-Schule an. Vgl. Robert 1984 und Garland 1990. Zur Theorie der Solidarität vgl. Lukes 1985, 137-178. Hart hat sich wiederholt mit den Kohäsions- und Desintegrationsthesen von Durkheim und Lord Devlin auseinandergesetzt – vgl. Hart 1967 und Hart 1963. Hart sieht sich in einer ähnlichen Konstellation wie John Stuart Mill im Kreuzfeuer der Kritik von Stephen 1873. Eine interessante Autopsie der Hart/Devlin-Kontroverse findet man in Feinberg 1984-1988, Bd. 4, 133-155 et passim. Vgl. auch Martin 1987, Kap. 8.

[24] Devlin 1965, 6.

[25] Ebd. 4, 25, 84.

[26] Ebd. 112.

und – gleichsam wie eine Lawine – zur Destabilisierung der staatlichen Ordnung führen muß. Ein solches Dammbruchargument läßt sich empirisch nicht bestätigen. Es beruht auf irrationalen Ängsten vor Chaos und Anarchie. Diesen ist entgegenzuhalten, daß nur wenige Gesetze, die Verbrechen oder Vergehen gegen den Staat wie Hochverrat, verbotener Nachrichtendienst, Gefährdung der verfassungsmäßigen Ordnung und Störung der militärischen Sicherheit[27] normieren, sich direkt und eindeutig auf die vitalen Existenzinteressen des Staates in Koexistenz und Konflikt mit anderen Staaten beziehen. Die Doktrin der Staatsräson wird dagegen mißbraucht, wenn sie unterschiedslos auf alle Strafen ausgeweitet wird. Nach Wolfgang Naucke wird damit die Rechtsstaatlichkeit untergraben.[28] „Staatsschutz als Inhalt des Strafgesetzes ist ein heikles Problem. Staatsschutz als Erhalt der gerade aktuellen Machtzustände ist keine Aufgabe des rechtsstaatlichen Strafrechts. Die Nutzung des Strafrechts zum Machterhalt durch Politiker ist das Gegenteil rechtsstaatlichen Strafrechts ... Das rechtsstaatliche Strafrecht meidet die Rechtsgüter der Allgemeinheit als Schutzobjekt.“

Die tieferliegende Schwäche von Devlins Rhetorik, die zugleich ihre Anziehungkraft ausmacht, liegt in seiner Utopie von Gemeinschaft. Seine Argumente für Gesetzesmoralismus oder für eine Analogie zwischen Verbrechen und Subversion beruhen auf „kommunitarischen Idealen“. So unterstellt er z. B. den Liberalen, sie nötigten die Tugendhaften, mit den Lasterhaften zusammenzuleben [to associate with],[29] wobei er sich dieses Zusammenleben offenbar als intime und unausweichliche Gemeinschaft

[27] Schweizerisches Strafgesetzbuch, Kap. 13: Verbrechen und Vergehen gegen den Staat und die Landesverteidigung.
[28] Naucke 1990, 247.
[29] Devlin 1965, 106, 109.

vorstellt. Er vermittelt Wunschbilder von Gemeinschaft und Nestwärme, die in einer Sippe oder Familie, in einem Freundeskreis oder in einem Vereinigung Gleichgesinnter anzutreffen sind, aber sicher nicht in einer Großstadt oder unter den Mitgliedern einer größeren Nation. Daß wir insbesondere in reichen industrialisierten Gesellschaften die Geborgenheit von intimen und solidarischen Gemeinschaften oft vermissen müssen, darin liegt der wahre Kern von Devlins Kritik am Liberalismus. Daß das Gesetz oder gar das Strafrecht ein geeignetes Instrument zur Wiederherstellung von verlorengegangener Gemeinschaft sein könnte, bleibt indessen fraglich.

Der vielversprechendste Kandidat für ein Verständnis des Verhältnisses von Strafrecht und Moral ist die vierte These, wonach staatliche Strafen eine Minimalmoral erzwingen. Die Minimalmoral erstreckt sich auf wenige elementare Verbote, welche die bürgerliche Sicherheit gewährleisten. Gemeint sind Verbote der Schädigung von elementaren Interessen und Rechten. Diese Verbote konstituieren die sog. Gerechtigkeitspflichten, d. h. jene Pflichten, die wir anderen unbedingt schulden. Gemeint sind die Forderungen der Nicht-Schädigung und der Hilfeleistung in Notfällen, der Einhaltung von Verträgen und gewisser Kooperationspflichten.[30] Im Blick auf die Durchsetzung einer Minimalmoral erhält die einheitsstiftende oder -wahrende Funktion des Staates in einer pluralistischen Gesellschaft ihre Plausibilität.[31]

---

[30] Die Erwähnung von Pflichten zur Nothilfe und Kooperationspflichten sollte andeuten, daß die These von der Durchsetzung einer Minimalmoral keinen sog. „Minimalstaat“ oder „Nachtwächterstaat“ vorschreibt. Zur Kritik am Minimalstaat vgl. Paul Robert Wolff 1977. Zu Nozicks Straftheorie vgl. Jonathan Wolff 1991, 34 ff., 53 f., 66, 121. Eine Straftheorie im Rahmen einer Minimalstaatskonzeption verteidigt Narveson 1988, 223-231.

[31] Ausführlicher zum Prinzip der erlaubten Verhütung der Schädigung

Der Begriff der Schädigung ist moralisch nicht völlig neutral,[32] deshalb ist die Rede von einer Minimal*moral* angebracht. Diese setzt jedoch keine speziellen Ideale vom guten Leben voraus. Sie läßt sich ohne religiöse und weltanschauliche Prämissen begründen. Die simple Begründung liegt darin, daß die Nachteile von Drohungen und Freiheitseinschränkungen *in einigen Kontexten ganz offensichtlich* geringer sind als die nachteiligen Nebenwirkungen völliger Freiheit. Zu diesen Kontexten gehören jene, welche sich auf unsere empfindlichsten Verletzbarkeiten als physische, empfindende, soziale und freiheitsliebende Wesen beziehen. Umgekehrt sind die „Kosten" von Sanktionen für Wohl und Freiheit so hoch, daß die generelle Begründungslast jenen auferliegt, die für neue Strafen eintreten. Mit Rücksicht auf Strafen muß vom Gesetzgeber, eventuell sogar in der Urteilsbegründung des Richters der Nachweis erbracht werden, daß sie nicht „unverhältnismäßig" sind und nicht der Erzwingung von Idealen dienen, die nicht dem Bestand der Minimalmoral angehören.

---

anderer und zur Abgrenzung anderer Strafprinzipien vgl. Feinberg 1984-1988 und Wolf 1988.

[32] Vgl. Honderich 1989 a, 184, 197.

3. Utilitaristische Straftheorie

Die *utilitaristische* Straftheorie hat eine historische Wurzel in der aufklärerischen Überzeugung, daß nicht Rache und rückwärtsgewandte Vergeltung, sondern nur Prävention von Übeln die rationale Basis staatlichen Strafens sein könne. Der einzig vernünftige Grund für die Zufügung von Übeln sei die Verhütung von größeren Übeln. Daraus folge eine obere Limite des Strafmaßes: Strafe müsse zu einem Zustand führen, der insgesamt besser oder weniger schlecht sei als die Folgen der Unterlassung der Strafe. Drakonische Strafen vermögen dieser Anforderung nicht zu genügen und sind daher unmoralisch, weil sie die Summe der Leiden in der Welt vergrößern. Strafe trage ihren Grund nicht in sich selbst. Der Utilitarist hält die Tatsache, daß Übeltäter bestraft werden, nicht für ein Gut an sich. Vielmehr muß die Strafe die Funktion erfüllen, Verbrechen unprofitabel zu machen.

Jeremy Bentham, der erste Utilitarist, hat die Straftheorie bis ins Detail entwickelt. Er hat hervorgehoben, daß nur die Folgen von Strafen einen Rechtfertigungsgrund abgeben, und nicht etwa die vagen Vorstellungen von Schuld und Verdienst.

„Es ist das Prinzip der Antipathie, das uns zur Redeweise von Verbrechen, die Strafe *verdienen*, verführt. Es ist das korrespondierende Prinzip der Sympathie, das uns zur Rede von gewissen Handlungen verführt, die Belohnung verdienen. Dieses Wort *Verdienst* (merit) kann nur zu Leidenschaft und Irrtum führen. Wir sollten nur Wirkungen betrachten, gute oder schlechte.“[33]

Diese Stelle ist deshalb von entscheidender Bedeutung, weil sie den Gegensatz zur alternativen Straftheorie – der Vergeltungstheorie, die sich an der *verdienten* Strafe orientiert[34] – markiert. Zurechnung von Schuld und Verdienst werden – in deutlich polemischer Absicht[35] – ins Reich der Gefühlsreaktionen verwiesen, die niemals zum Kriterium einer rationalen Straftheorie erhoben werden dürfen. Rachegefühl und Sympathie sind problematische Gradmesser für Gesetzgebung und Rechtsprechung. Was für den Utilitarismus eine vage und irreführende subjektive Intuition ist, wird innerhalb der Vergeltungstheorie der Strafe zum Prüfstein der Strafgerechtigkeit.
Daß Schuld oder Unschuld für Bentham keine eigenständigen Wertkriterien sind, läßt sich auch daraus ersehen, wie er das Thema der Bestrafung Unschuldiger behandelt. Die *absichtliche* Bestrafung Unschuldiger ist für ihn zwar kein Thema – dafür gibt es semantische Gründe. Doch die *irrtümliche* Bestrafung Unschuldiger, genauer: die Bestrafung Unschuldiger im Zweifelsfall, kann nach utilitaristischer „Berechnung" das geeignete Mittel zum Zweck sein. Der Utilitarismus vermag m. a. W. die Maxime „in dubio pro reo" nicht adäquat zu begründen. Wenn die Bestrafung einer Person, die *vielleicht* schuldig ist oder – wenn auch zögernd – für schuldig gehalten wird, dazu dient, andere abzuschrecken oder vor einer Lynchjustiz abzuhalten, dann ist sie legitim. Ein anderes Beispiel ist die Kollektivstrafe. Wenn es de facto zutrifft, daß eine Kollek-

[33] Bentham 1871, 76 [meine Übersetzung]. Die Polemik gegen Sympathie richtet sich gegen das zumeist parteiische Gefühl. Die Grundlage des Utilitarismus ist dagegen eine streng unparteiische Sympathie.
[34] Retributivismus ohne Verdienst sei wie Hamlet ohne den Prinzen von Dänemark – diese Glosse stammt von Bedau 1978, 608.
[35] Bentham richtet die Polemik nicht gegen Kant, und diese trifft weder Kant noch Hegel, um nur zwei Vertreter einer „absoluten" Straftheorie zu nennen.

tivstrafe gegen eine Gruppe, welcher der nicht-identifizierbare Täter angehört, wirksam ist, dann ist die Kollektivstrafe legitim.

Die Beurteilung der „Bestrafung“ Unschuldiger wird somit zu einer kontingenten Angelegenheit. Dies hat einerseits den Vorteil, daß ein Utilitarist ein großes Interesse an der Übersicht über die empirischen Befunde bezüglich der Strafwirkung haben muß.[36] Er kann sich nicht in dem Maße um die Empirie drücken wie ein reiner Vergeltungstheoretiker. Andererseits sind diese empirischen Befunde unsicher und umstritten. Die Vorstellung vom Strafrecht als einem wirksamen Instrument der Verbrechensbekämpfung wird angesichts der steigenden Kriminalitäts- und Rückfälligkeitsrate ganz erheblich in Frage gestellt. Dies spricht eher gegen eine utilitaristische Straftheorie.

Der wichtigste Aspekt der Strafe ist – neben ihren Folgen für den Bestraften[37] – die Wirkung auf Dritte. Strafen müssen exemplarisch sein. Eine geheime Aburteilung würde den Zweck der Generalprävention verfehlen. Wichtiger als der tatsächliche Wert einer Strafe (wie er vom Bestraften empfunden wird) ist ihr scheinbarer Wert (wie er von Dritten beurteilt wird). Gerichtsurteil und Strafe zum öffentlichen Spektakel machen – das war die Hauptabsicht der Inquisition. Bentham versucht diesen Aspekt der Inquisition[38] für aufklärerische Strafrechtsreformen fruchtbar zu machen.

„… die wirkliche Strafe sollte so klein als möglich, die scheinbare Strafe so groß als möglich sein. Wenn die Erhängung eines

[36] Vgl. Gibbs 1975; Duff 1986, Kap. 6; Ten 1987, 8-13.
[37] Vgl. Honderich 1989 a, 184, 197.
[38] Die Analogie ist unvollständig, denn die Entscheidungsfindung in der Inquisition war geheim. Den Hinweis verdanke ich Prof. Karl-Ludwig Kunz.

Mannes *in effigie* im Geist der Leute den selben heilsamen Eindruck des Schreckens hervorbringen würde, so wäre es Torheit oder Grausamkeit, einen Menschen jemals *in persona* zu hängen."[39]

Unter gleichbleibenden Folgen ist eine simulierte Todesstrafe einer wirklichen vorzuziehen.
Bentham verlangt zudem, daß eine Strafe reparabel oder kompensierbar sein muß, denn das Risiko eines Justizirrtums läßt sich nicht vermeiden. Diese Forderung läßt sich an die Todesstrafe naturgemäß nicht stellen. Der größte Makel der Todesstrafe ist ihre Unwiderrufbarkeit.
Der Verdacht, daß Bentham seine Straftheorie mit einer Definitionsperre favorisiert, ist nicht von der Hand zu weisen. (Das heißt natürlich nicht, daß seine Theorie *deshalb* falsch oder inadäquat sein muß.) Seine Definition von Strafe als einem „Übel", wonach „alle Strafe Unheil ist",[40] macht nämlich die retributive Auffassung, daß verdiente Strafe an sich sittlich gut sei, zur Absurdität.[41] Strafe als Vergeltung und ohne Rücksicht auf die Folgen erscheint so gesehen als sinnlose Addierung von Übeln.[42] Damit wird mit Hilfe einer Sprachregelung a priori ent-

---

[39] Bentham 1962, Bd. I, 398 [meine Übersetzung].
[40] Bentham 1948, 281; ders. 1843, Bd. I, 390 f.
[41] Ob diese retributive Auffassung, daß verdiente Strafe an sich gut sei, überhaupt sinnvoll ist, läßt sich bezweifeln. Denn z. B. für eine Kantianische Ethik sind Strafen zunächst einmal Freiheitseinschränkungen und als solche prima facie unmoralisch. Verdiente Strafen müßten Strafen sein, die nachgewiesenermaßen nicht autonomieverletzend sind. Der Nachweis nicht-autonomie-verletztender Zwänge dürfte das Kernproblem einer Kantianischen Straftheorie sein. Vgl. dazu Duff 1986.
[42] „Ajouter le mal sensible du châtiment au mal moral de la faute, sous prétexte d'expiation, vous aurez doublé la somme des maux sans rien réparer: vous ressemblerez à un médecin de Molière qui, appelé pour guérir un bras malade, couperait l'autre à son patient. Sans les raison de défense sociale ..., le châtiment serait aussi blâmable que le crime ..." Guyau 1925, 188.

schieden, daß Strafe immer ein Übel und gerechtfertigte Strafe nicht mehr als das geringere von zwei Übeln sei, wobei die Vergleichsgröße für das größere Übel nicht etwa die isoliert betrachtete „Schwere“ eines Verbrechens ist, sondern alle künftigen Folgen der Unterlassung einer Strafe für die von dieser Entscheidung Betroffenen einschließt. Für Bentham ist Strafe also notwendig die Vergeltung von Bösem mit Bösem, und nur der Nettovorteil von Strafen wird als Rechtfertigung akzeptiert. Er nennt Strafe selber das geringere von zwei Übeln.[43] Mit dieser fast zu geläufigen Formulierung vergleiche man folgende Sätze des Thomas von Aquin:

> „Es ist nicht erlaubt, jemandem einen Schaden zuzufügen, ausser zur Strafe wegen der Gerechtigkeit.“[44] „Wenn aber der Richter das Übel der Schuld vergilt, um einen Ausgleich für die schlechte Tat zu schaffen, so fügt er zwar materiell Böses zu, aber formell und an sich Gutes. Wenn deshalb der Richter den Strassenräuber für den Mord aufhängen läßt, so vergilt er nicht Böses mit Bösem, sondern Böses mit Gutem.“[45]

Das Verantwortungsprinzip, wonach der Bestrafte nur für eine beabsichtigte strafbare Handlung verantwortlich ist, gilt auch für Bentham. Er glaubt, daß sich das Verantwortungsprinzip nicht aus den Ideen der Schuldvergeltung oder des Verdienstes ableiten läßt, sondern aus dem Strafzweck der Prävention selber.[46] Das ist eine starke These, welche nicht bloß besagt, daß Prävention und Verantwor-

---

[43] Bentham 1962, 397; Bentham 1948, 281.

[44] Thomas von Aquin, Summa Theologica II-II quaestio 59 a. 3, 2.

[45] Thomas von Aquin, Comment. ad Rom. c. 12, lect. 3. Die Übersetzung der Thomaszitate ist übernommen von Basler 1931, 180.

[46] Zur Kritik dieses Programms vgl. Kunz 1986. Auch Kunz sucht nach einer Alternative zum traditionellen Schuldbegriff, den er als „vermeintlich wertneutralen“ Schuldbegriff kritisiert und mit einer Schuldzuschreibung als Antizipation künftiger Verantwortung konfrontiert.

tungsprinzip vereinbar seien, sondern daß sich letzteres utilitaristisch begründen lasse. Seine Argumentation läßt sich folgendermaßen schematisieren:

1. Strafe ist genau dann gerechtfertigt, wenn sie eine erwünschte Wirkung hat.
2. Eine Wirkung ist genau dann erwünscht, wenn sie die gesellschaftliche Nutzensumme erhöht.
3. Die gesellschaftliche Nutzensumme wird durch Strafe nur dann erhöht, wenn Strafe präventiv wirkt.
4. Strafe wirkt nur dann präventiv, wenn der Bestrafte für eine strafbare Handlung verantwortlich ist.

---

5. Strafe ist nur dann gerechtfertigt, wenn der Bestrafte für eine strafbare Handlung verantwortlich ist.[47]

Besonders angreifbar ist natürlich die vierte Prämisse. Warum sollten exemplarische Strafen, Sippen- oder Erfolgshaftung unter Umständen nicht präventiv wirksam sein? Und selbst wenn die Suspendierung des Verantwortungsprinzips nicht zur Maximierung der Prävention führen würde – sollten wir am Verantwortungsprinzip etwa nur deshalb festhalten, weil es sich zufällig herausstellt, daß seine Respektierung maximal präventiv wirksam ist? Hieße das nicht, eine Forderung der Gerechtigkeit gegenüber dem Individuum von empirischen Umständen abhängig machen? Dieser grundsätzliche Einwand – wir können ihn als Kontingenzvorwurf bezeichnen – trifft auch auf eine utilitaristische Straftheorie zu, die nicht auf den Strafzweck der Prävention fixiert ist und z. B. die Folgen für das Gerechtigkeitsgefühl, die Leiden der unschuldig Bestraften und die Sicherheit und Planbarkeit des

[47] Die Darstellung ist übernommen aus Baurmann 1987, 195. Im folgenden werden seine Argumente stark verkürzt wiedergegeben. Für eine gründliche Analyse sei auf den zweiten Abschnitt in Baurmanns Studie verwiesen.

Lebens als zusätzliche Gründe für das Verantwortungsprinzip ins Feld führt. Der Kontingenzvorwurf besagt, daß es nicht diese zufälligen Wirkungen sein können, welche die Bestrafung Unschuldiger zu einer Ungerechtigkeit machen. Auf diese Weise wird jede utilitaristische Ableitung als inadäquat zurückgewiesen.[48] Worin jedoch der Makel der Kontingenz liegt, ist nicht völlig klar. Sind nicht-kontingente Begründungen solche, die gar nicht oder nicht ausschließlich auf empirischen Folgenabschätzungen (und Entscheidungen) beruhen, sondern überdies noch ein apriorisches Erkenntniselement (z. B. geistige Wertintuitionen) enthalten?[49]

Allerdings sollte man nicht übersehen, daß diese Kritik am Utilitarismus ihrerseits von einer Gerechtigkeitsauffassung zehrt, die entweder begründet ist oder nicht. Oft wird einfach intuitiv an unser Gerechtigkeitsempfinden appelliert. Bentham und seine zeitgenössischen Nachfolger lehnen solche Appelle an Intuitionen schroff ab. Oder dann wird versucht, Gerechtigkeit als Fairneß vertrags-

[48] Man beachte, daß die Intuition, daß die Bestrafung Unschuldiger ungerecht sei, nicht notwendig impliziert, daß sie nie gerechtfertigt sei. Insofern könnte man auch einer „adäquateren" Theorie vorhalten, daß sie die Bestrafung Unschuldiger unter gewissen Umständen erlaube. Streng genommen ist daher keine Moraltheorie, welche überhaupt Ausnahmen in Erwägung zieht, vom Einwand der „Kontingenz" gefeit.

[49] Gänzlich unbeeindruckt vom „Kontingenzvorwurf" ist z. B. Richard Hare. Er sieht den Vorzug des Utilitarismus als kritischem Entscheidungsverfahren darin, daß er – im Unterschied zu intuitivem Denken – alles verfügbare empirische Wissen zur Beurteilung einer Situation mobilisiert und sich (abgesehen von der utilitaristischen Grundnorm) nicht kontrafaktischen Idealen verschreibt. So glaubt er z. B., daß die Abschaffung der Sklaverei im Lichte des Nützlichkeitsprinzips und aller uns verfügbaren ökonomischen und psychologischen Fakten zwingend ist, daß jedoch gewisse empirische Randbedingungen, deren Eintreten glücklicherweise extrem unwahrscheinlich ist, zumindest vorstellbar wären, unter denen Sklaverei rational, wenn nicht sogar sittlich geboten wäre. Vgl. Hare 1989, Kap. 12.

theoretisch zu begründen. Ob die Annahme, daß sich idealisierte Personen in einer idealisierten Situationen so oder so entscheiden, für moralische Entscheidungen überhaupt stichhaltig ist, bleibe dahingestellt.
An dieser Stelle wollen wir vorläufig abbrechen. Sollte es zutreffen, daß der Utilitarismus nicht in der Lage ist, das Verantwortungsprinzip im Strafrecht angemessen zu begründen, so wäre das eine entscheidende Trumpfkarte in der Hand der Retributivisten. Denn was diesen gemeinsam ist, ist ihre Ablehnung des Utilitarismus. Im Anschluß an das 7. Kapitel werden wir in einem Exkurs auf das Verantwortungsprinzip zurückkommen. Dort werden wir darlegen, daß eine rein folgenorientierte Verteidigung des Verantwortungsprinzips denkbar und nicht leicht von der Hand zu weisen ist.

4. Retributive Straftheorien

Die utilitaristische Straftheorie beruht auf der Maxime „punitur ne peccetur".[50] Für Bentham ist das Strafrecht ein wichtiges Instrument der Sozialreform. Doch seine Polemik gegen die Begriffe von Schuld und Verdienst geht entschieden zu weit. Daß sich diese Begriffe nicht aus dem Strafrecht eliminieren lassen, ja daß der Begriff der *verdienten Strafe* im Mittelpunkt der moralischen Rechtfertigung des Stafrechts stehen muß, ist die fundamentale Überzeugung der Anhänger des sog. *„Retributivismus"*. Eine mögliche Übersetzung lautet „Vergeltungstheo-

[50] „Nam, ut Plato ait, nemo prudens punit, quia peccatum est, sed ne peccetur. Revocari enim praeterita non possunt, futura prohibentur." Seneca, de ira, Buch I, 19. Senecas Zitat geht auf einen dem Protagoras zugeschriebenen Ausspruch zurück. Vgl. Platon, Protagoras 324 b. Streng genommen spricht das dem Protagoras zugeschriebene Argument nur gegen den wahnhaften Anspruch, das Geschehene ungeschehen zu machen, und nicht gegen die Vergangenheitsorientierung als solche. Die Stelle steht im weiteren Kontext der von Protagoras vertretenen These der Lehrbarkeit und Trainierbarkeit der Tugend, fusioniert jedoch Erziehung und Spezialprävention. Zur Interpretation vgl. Mackenzie 1981, 188-191; die Autorin meint, es gebe im Dialog „Protagoras" „eine explizite und strenge Attacke gegen die Irrationalität von Retribution und Restitution um einer neuen Moralität der Reform willen" (190). Makkenzie führt aus, daß die Grundlagen von Platons eigener Straftheorie, die der dem Protagoras zugeschriebenen oberflächlich betrachtet recht nahe kommt; die drei Sokratischen Prämissen sind, Tugend sei Wissen, niemand tue willentlich unrecht und Tugend liege im Interesse des Individuums. Die Funktion der Strafe wird im Lichte dieser Prämissen expliziert – so betrachtet wird der tiefe Kontrast zur Lehre des Protagoras offenkundig.

rien".[51] Das deutsche Wort „Vergeltung" erinnert jedoch an Rache und damit gerade an jenen Aspekt, der den aufklärerischen Intentionen von Bentham am meisten zuwiderläuft. Um diese Assoziationen an eine primitive Vorstellung von Rache fernzuhalten, empfiehlt sich das Wort „retributiv". Der Retributivismus findet bereits im biblischen „jus talionis" seinen Ausdruck. Obwohl die Formulierung „Und du sollst in dir kein Mitleid aufsteigen lassen: Leben für Leben, Auge für Auge, Zahn für Zahn, Hand für Hand, Fuss für Fuss"[52] nahelegt, das „Alte Testament" predige den „Geist der Rache", ist das jus talionis gegenüber den Exzessen der Blutrache im Kontext des damaligen Rechtsdenkens ein Fortschritt. Das Mitleidsverbot darf nicht als ein generelles Verdikt verstanden werden: Es bezieht sich nur auf ein falsches, parteiisches Mitleid; unparteiisches Mitleid dagegen muß auch das Opfer der Straftat und alle übrigen Betroffenen und Gefährdeten berücksichtigen.

Allerdings bringt die Formulierung implizit eine Schwäche des primitiven jus talionis zum Ausdruck: Buchstäbliche Vergeltung – man denke an Vergewaltigung, Betrug oder Brandstiftung – ist in vielen Fällen gar nicht praktikabel. Schon Hegel hat festgestellt: „... es ist sehr leicht, die Wiedervergeltung der Strafe ... als Absurdität darzustellen ..."[53] Noch schlimmer: Strikte Vergeltung erlaubt es dem Täter, die Strafe zu diktieren und alle moralischen Grenzen der Strafe zu sprengen. Doch für die Vergeltung

[51] Cottingham 1979 zählt neun Bedeutungen auf, die der Ausdruck „Retribution" in der Diskussion angenommen hat.

[52] 5 Moses 19, 21; vgl. auch 2 Mos. 21, 23 f.

[53] Hegel 1955, 98. Kants Retributivismus bleibt doppelspurig, was sich darin ausdrückt, daß er zwar im Allgemeinen ein Strafäquivalent anstrebt, im Fall von Mord jedoch auf buchstäbliche Blutsühne drängt und die Todesstrafe legitimiert.

von Verstümmelung mit Verstümmelung, Sadismus mit Sadismus etc. gibt es moralische Grenze.[54]
Anstelle der konkreten Vergeltung muß in den meisten Fällen ein Äquivalent zur begangenen Straftat treten. Damit entsteht ein Dilemma des Retributivismus, das Hugo Adam Bedau folgendermaßen charakterisiert hat: Entweder wird das Postulat der Proportionalität von Verbrechen und Strafe buchstäblich als jus talionis, Vergeltung von Gleichem mit Gleichem, verstanden und ad absurdum geführt, oder es wird gar nicht danach verstanden, und damit wird es diffus und willkürlich.[55]
Bedau nennt in seiner Kritik ein weiteres Dilemma, das sich auf die Begründung des Retributivismus bezieht. Im Zentrum steht eine Gerechtigkeitsnorm, die besagt, daß die angemessene Vergeltung für moralische Übel die Zufügung von Leiden ist und daß diese Vergeltung als solche gerecht oder moralisch gut sei. Diese Norm hat ein deontologisches Flair; sie scheint unabhängig von ihren Konsequenzen absolute Geltung zu haben. Das Dilemma für den Retributivisten besteht nun darin, daß er die Annahme dieser Norm entweder gar nicht begründet bzw. sich mit einer zirkulären oder Schein-Begründung begnügt, oder daß er sie doch konsequentialistisch begründet.[56]

---

[54] Morris 1981 (in Murphy 1985, 53) schließt aus dem Beispiel der Vergeltung für sadistische Zerstörung des Denkvermögens einer Person, die weiterhin am Leben erhalten wird, auf die Unzulänglichkeit einer rein retributiven Theorie.

[55] Bedau 1978, 611.

[56] Mackie 1982 versteht das Scheitern rationaler Rechtfertigungsversuche der retributiven Emotionen als Indiz dafür, daß sie Wurzeln haben, die nur biologisch oder soziologisch zu erklären sind. Er vermischt jedoch das Geschäft der Erklärung und Rechtfertigung und spricht z. B. in zweideutiger Weise von „to make sense of an essentially retributive principle“(209). Überdies nagelt Mackie eine retributive Theorie zu sehr auf ihren intuitiven und retrospektiven Charakter fest. Sein gewichtig-

Scheinbegründungen bestehen darin, daß man sich einfach auf ein Gerechtigkeitsgefühl beruft oder die Norm der gerechten Vergeltung als „selbstevident“ ausgibt. Zirkulär sind alle Formulierungen, welche „gerechte Strafe“ mit „verdienter Strafe“ gleichsetzen und für letztere dann einfach die genannte deontologische Norm einsetzen. Sie setzen voraus, was zu beweisen wäre, daß es sich dabei um die einzig mögliche Rechtfertigung von Strafe handelt.
Der übliche Einwand gegen das Prinzip der Proportionalität lautet, die Termini des Vergleichs – sittliches Übel und Leidensszufügung – seien nicht kommensurabel.[57] Moralisch legitime Strafe kann nicht Unrecht sein – sie besteht also nicht darin, Unrecht durch Unrecht zu vergelten. Die Inkommensurabilität besteht z. B. zwischen der Tötung Unschuldiger und der Tötung Schuldiger. Der Retributivismus setzt hier einen kategorischen Unterschied an.[58] Nicht Töten per se ist moralisch verdammenswert, sondern absichtliche Tötung Unschuldiger und insbesondere Mord als Rechtsbruch. Insofern ist der Retributivismus unempfänglich für den Einwand, ein Staat, der töte, begebe sich auf das gleiche Niveau mit dem gemeinen Mörder und vergelte Unrecht mit Unrecht. Das träfe nur dann zu, wenn es entweder ein absolutes Tötungsgebot gäbe, wie manche Pazifisten annehmen, oder wenn der Staat, ohne Einsetzung richterlicher Autorität, ohne gerichtliches Verfahren oder ohne Schuldspruch mißliebige Bürger töten und ver-

---

ster Einwand betrifft das Versagen der fairneßtheoretischen Begründung eines retributiven Strafmaßes.

[57] Der Einwand findet sich z. B. bei Maclagan 1939.

[58] Vgl. Hegel 1955, 94 f., der sich grundsätzlich vom oberflächlichen Charakter eines Übels distanziert und das spezifische Übel benennt: Das Verbrechen ist nicht die Hervorbringung irgend eines Übels, sondern Verletzung des Rechts, und die Strafe ist ebensowenig irgend eine Übelszufügung in abstracto, sondern bestimmte Negation der ersten Negation des Rechtsbruchs.

schleppen würde. Was nun den Retributivismus gegen den populären Einwand schützt, Todesstrafe mache den Staat zum „Mörder“, macht ihn anfällig für den Verdacht der Inkommensurabilität zwischen Mord und Todesstrafe. Wenn nämlich beide kategoriell verschieden sind, wie ließe sich dann das eine gegen das andere abwägen? Könnte die Tötung eines Schuldigen jemals als moralisches Äquivalent für die Tötung eines Unschuldigen gelten?

Ein anderer Versuch zur Widerlegung des klassischen Retributivismus stammt von Ewing. Er geht davon aus, daß ein Staat nahezu immer die präzise Strafe verfehlen würde; er würde immer ein wenig zu schwer oder ein wenig zu leicht strafen. Beide Abweichungen aber machen die faktischen staatlichen Strafen zu ungerechten Strafen. „Jeder Exzess über das gerechte Maß hinaus muß in der selben ethischen Position sein wie die Bestrafung des ‚Unschuldigen‘ – eine Ungerechtigkeit, welche viel schlimmer zu sein scheint als Nicht-Bestrafung des Schuldigen. Zu schwere und zu leichte Strafe ist gleichermaßen eine Ungerechtigkeit.“[59] Warum ein Retributivist die zuletzt genannte Annahme teilen muß, ist jedoch nicht evident – es sei denn, daß er eine graduierbare Verwendung des Ausdrucks „gerecht“ verschmäht und annimmt, eine Strafe könne nicht mehr oder weniger gerecht sein. Ewings reductio ad absurdum ist demnach nicht zwingend.

Zu den klassischen Vertretern des Retributivismus gehören Kant und Hegel. Weit entfernt von der Absicht, Strafe als blinde Reaktion und Ausdruck von Ressentiments zu rehabilitieren, geht es ihnen vielmehr darum, offensichtliche Mängel des Utilitarismus[60] zu beheben. Es wird im-

---

[59] Ewing 1929, 39 f.

[60] Weder Kant noch Hegel bezogen sich auf eine ausgearbeitete Theorie des Utilitarismus.

mer wieder behauptet, der Utilitarismus sei blind für Gerechtigkeit als eigenständige, nicht aus Nützlichkeitserwägungen ableitbare Norm. Der Standardeinwand lautet, der Utilitarismus legitimiere unter Umständen auch die Bestrafung Unschuldiger.[61] Das Argument gegen den Utilitarismus läßt sich weiter zuspitzen: Er scheint nämlich nicht nur ein Recht des Staates auf die Bestrafung Unschuldiger, sondern, auf der Seite des unschuldig Verurteilten, auch eine Kooperationspflicht zu begründen. Die unschuldig verurteilte Person müßte unter Umständen – wenn es das Wohl aller Betroffenen maximiert – ein Schuldgeständnis vortäuschen, Gefühle der Schuld und Reue prätendieren etc.[62] Dies ist die stärkste Formulierung einer reductio ad absurdum. Sie besagt, daß ein Utilitarist verpflichtet wäre, sich gegebenenfalls selber zu belasten, und das sogar gegen besseres Wissen und Gewissen.

Nach Auffassung der Vergeltungstheoretiker verfehlt der Utilitarismus die eigentliche Dimension der Strafgerechtigkeit und läßt eine Sozialtechnologie der Abschreckung bzw. Besserung an ihre Stelle treten. Retributivisten reklamieren für ihre Theorie die einzig adäquate Begründung der Straf*gerechtigkeit*. Ihre Kritik richtet sich gegen Begriff und Rechtfertigung, und es wird gewöhnlich – ten-

---

[61] In Joh. 11,50 spricht der Hohepriester Kaiphas: „Ihr bedenkt nicht, daß es besser für euch ist, wenn ein einziger Mensch für das Volk stirbt, als wenn das ganze Volk zugrunde geht." Der Einwand, der Utilitarismus legitimiere die Opferung weniger für das Wohl vieler, die sog. „Regel des Caiphas", wird z. B. von Donagan 1968 diskutiert. Vgl. die diversen utilitarismuskritischen Aufsätze von McCloskey sowie die Erwiderung von Sprigge 1968, der die Strafe handlungsutilitaristisch begründet und die Verwendung phantastischer Gegenbeispiele zur Widerlegung des Utilitarismus tadelt. Verwandte Einwände betreffen das Strafmaß und die Einschränkung von Entschuldigungsgründen.

[62] Primoratz 1978 a und 1980, 586.

dentiell bis zur Errichtung einer Definitionssperre – unterstellt, daß bereits der Begriff der Strafe auf eine retributive Theorie der Rechtfertigung angelegt sei. Gegen die häufig wiederkehrende Rede von der „Natur“ oder dem „Wesen“ der Strafe ist zwar Skepsis angebracht. Ihr wahrer Kern steckt jedoch in der grundsätzlichen Abgrenzung von Therapie und Strafe.

Was mit der „retributiven Natur“ der Strafe gemeint ist, mag das folgende Beispiel veranschaulichen. Angenommen wir leben in einer Gesellschaft, in der zahlreiche Geisteskranke aus einem unwiderstehlichen Impuls heraus Ladendiebstähle begehen. In dieser Gesellschaft herrscht keine einhellige Meinung über Ursachen und Wirkungen dieser Geisteskrankheit. Während einige Psychiater der Auffassung sind, Kleptomanie lasse sich nur durch Therapie verhüten, wollen die meisten Mitglieder der Gesellschaft keinen Unterschied in der Behandlung von krankhaften und „normalen“ Dieben zulassen, obwohl auch sie vermuten, daß Kleptomanen Zwangshandlungen begehen, für die sie moralisch nicht oder nur in vermindertem Maße verantwortlich seien.[63] Die Bürger

[63] Das Beispiel ist bloß hypothetisch und setzt keine klinischen Daten über Kleptomanie voraus. Ob Kleptomanie ein „unwiderstehlicher Impuls“ ist, bleibt unklar. Wird ein Kleptomane auch dann stehlen, wenn er weiß, daß er von einem Detektiv beobachtet wird? Sollte er unter diesen Umständen nicht stehlen, muß man annehmen, daß sein Impuls nicht völlig unwiderstehlich, sondern relativ flexibel ist und ihm im Einzelfall die Kalkulation von Chancen gestattet. Vgl. Wasserstrom 1977, in: ders. 1980, 124. Frustrierend bleibt allerdings die Tatsache, daß der Kleptomane permanent, und nicht nur im Einzelfall, mit einem Impuls zu kämpfen hat, den andere gar nicht kennen. State v. McCullough, 114 Iowa 532 (1901) ist einer der ersten Entscheide, in dem Kleptomanie als Entschuldigung akzeptiert wurde. Nach Feinberg 1970, 284 ist der Fall des Kleptomanen nicht deshalb ein Sonderfall, weil dieser unwiderstehlichen Impulsen ausgeliefert wäre, sondern vielmehr, weil seine Motive ihm selber unverständlich bleiben müssen. Ten 1987, 132 sieht darin, daß sich jemand nicht mit gewissen Impulsen identifizieren kann, sondern

sagen sich: „Sie können zwar nichts dafür; gleichwohl stiften sie Schaden. Überdies ist die Grenze zwischen Dieben und Kleptomanen fließend und im Einzelfall schwer auszumachen." In einer solchen Gesellschaft würde eine relativ harte Bestrafung dieser Delikte z. B. mit zwei Jahren Zuchthaus) begrüßt, denn dies hätte – wie man annehmen würde – eine abschreckende Wirkung auf alle potentiellen „normalen" Ladendiebe. In utilitaristischer Sicht wäre eine rigorose Bestrafung von Kleptomanen mithin gerechtfertigt. Der Utilitarist könnte nicht nur auf den Nutzen der Verhütung von Ladendiebstählen hinweisen, sondern auch auf die erfolgreiche Bekämpfung gerissener Simulanten, die vor Gericht mildernde Umstände erschleichen, indem sie krankhafte Neigungen vortäuschen.

Ein Retributivist wird darauf hinweisen, daß in diesem Falle nicht nur das Gemeinwohl zähle, sondern auch das individuelle Wohl jener Individuen, die einer viel größeren, ja vielleicht wirklich unwiderstehlichen Versuchung ausgesetzt seien. Sie seien mit ihrer Krankheit „gestraft" genug; sie bedürften der Heilung und seien für Abschreckung ohnehin unzugänglich. Die primären Fragen sollten lauten: Haben sich diese Menschen schuldig gemacht? Hätten sie anders handeln können? Verdienen sie Strafe oder Fürsorge? Unschuldige zu „strafen", Entschuldigungsgründe zu mißachten oder unverhältnismäßig hohe Strafen in der Absicht, andere wirksamer abzuschrecken oder den Mißbrauch von Entschuldigungsgründen zu verhindern – das sind Methoden, die gegen

---

unter ihnen wie unter einer fremden Gewalt leidet und darüber hinaus Dinge stiehlt, die ihm gar nichts bedeuten, deutliche Indizien für die „Unwiderstehlichkeit" oder zumindest den Zwangscharakter kleptomanischer Wünsche.

den „retributiven Geist der Strafe“ oder gegen „unseren Gerechtigkeitssinn“ verstoßen.

Die Maxime, die aus der Optik des Retributivismus betrachtet dem Strafrecht zugrundeliegt, ist primär[64] vergangenheitsbezogen und besagt: „punitur quia peccatum est“. Diese Regel sollte in jeder Gesellschaft respektiert werden, auch wenn sie aus Bürgern besteht, die v. a. in Kategorien der Abschreckung und Besserung denken. Gerichte und Gesetzgeber sollten sich diese Regel zur Maxime machen, und nicht etwa eine Abschreckungsidee, die sich unterschiedslos gegen „Normale“ und „Geisteskranke“ richtet. Die verdiente Strafe bemißt sich 1) am Grad der Freiwilligkeit der Straftat und 2) an der Größe des Verbrechens. „Schuld“ und „verdientes Strafmaß“ verhalten sich direkt proportional zueinander. Kriminalprävention dagegen ist nicht mehr als eine willkommene Nebenwirkung; sie ist keine wesentliche Bedingung für die moralische Rechtfertigung der Strafe.

Eine erste Exposition des Retributivismus hat gezeigt, daß diese Straftheorie um die Begriffe der moralischen Schuld bzw. des moralischen Verdienstes zentriert ist und diese Konzepte für eigenständige, nicht (ausschließlich) aus Folgenerwägungen ableitbare Normen hält. Der Appell, daß es einfach unfair wäre, Unschuldige zu bestrafen, Rechtfertigungs- und Entschuldigungsgründe zu mißachten oder das System der Strafe entweder durch ein System der totalen Erfolgshaftung oder der Therapie zu ersetzen, gilt als intuitiv plausibel.

---

[64] Retributivismus ist primär, aber nicht notwendigerweise ausschließlich vergangenheitsbezogen. Die Bezugnahme auf vergangene Schuld ist vergangenheitsbezogen, die Intention auf Schuldgefühle und Reue dagegen zukunftsbezogen. Diese intentionale Zukunftsbezogenheit ist zu unterscheiden von einer konsequentialistischen Zukunftsorientierung, für die der tatsächliche Erfolg wichtiger ist als die Intention.

Im Folgenden werden wir zeigen, wie die Retributivisten, ohne beim bloßen Appell an ein Gerechtigkeitsgefühl stehen zu bleiben, ihr Anliegen konkretisieren. Zunächst werfen wir aber einen Blick auf einen Versuch, den Retributivismus rein legalistisch zu formulieren und von den Schlacken moralischer Begriffe zu reinigen.

5. Klassischer und nicht-klassischer Retributivismus

Wie bereits angedeutet wurde, wirft die Fixierung des Äquivalents für eine Straftat große Probleme auf. Sie machen sich besonders im klassischen Retributivismus bemerkbar. Zu den klassischen Retributivisten gehören Kant, Hegel und Bradley[65]. Diesen Autoren geht es um die Bestrafung des Übeltäters im moralischen Sinne. Die Strafe dient der „Aufhebung" einer *moralischen Schuld.* Doch wie können wir moralische Schuld bemessen, und wie läßt sich moralisches Unrecht mit der Zufügung von Leiden aufwägen? Sollen etwa zugefügte Leiden das schlechtere Selbst unterdrücken und das bessere Selbst befreien? Ist erlittene Strafe moralische Sühne? Führt sie zu echter Reue?[66] Und würde der Strafe vorangehende Reue die Strafe nicht überflüssig machen?[67] Falls Strafe

---

[65] Bradley 1876, 27 nennt Nützlichkeitserwägungen „extern" – sie seien zwar nicht unwichtig, gehörten aber nicht zum eigentlichen Strafzweck. Er verteidigt die gewöhnliche Meinung, zwischen Strafe und Schuld bzw. Verdienst gebe es einen notwendigen Zusammenhang. In Bradleys späterem Werk finden wir allerdings eine (dialektische?) Kehrtwendung. Vgl. Bradley 1894. In diesem Essay werden retributive Strafen als unpraktikabel verworfen und ein System erwogen, das er als „social surgery" apostrophiert. Vgl. den Überblick bei Johnson 1984.

[66] Zur ausführlichen Kritik der klassischen Vergeltungs- und Sühnetheorie vgl. Ross 1939, 56-65; Mabbott 1939; Ewing 1929, Kap. 1; Feinberg 1970, 116 ff.; Honderich 1989 a, Kap. 2; Ten 1987, Kap. 3.

[67] Guyau 1925: „... il faudrait le [sc. criminel] convertir avant de le frapper, et, s'il est converti, pourquoi le frapper?" (dtsch. in: ders. 1909, 215) Nietzsches Randbemerkung zu dieser Stelle lautet: „gut". Vgl. Guyau 1909, 298. Doch das Argument ist nicht gut, denn „the guilty and

mit solchen Erwartungen verknüpft sein sollte, so sprechen die Tatsachen gegen den Erfolg – was allerdings nicht notwendig gegen die Sühnetheorie spricht, weil diese vielmehr vor einer voreiligen Identifikation des Strafideals mit einer realen Strafpraxis bewahrt. Strafe führt in vielen Fällen eher zu Verhärtung und Verbitterung. Das faktisch existierende Strafrecht eignet sich weder zur „Erziehung" noch zur Weckung von Schuldgefühlen und Reue. Nietzsche hat grundsätzliche Bedenken gegen solche Hoffnungen formuliert.

„Die Strafe soll den Werth haben, das *Gefühl der Schuld* im Schuldigen aufzuwecken, man sucht in ihr das eigentliche instrumentum jener seelischen Reaktion, welche ‚schlechtes Gewissen', ‚Gewissensbiß' genannt wird. Aber damit vergreift man sich selbst für heute noch an der Wirklichkeit und der Psychologie ... Der ächte Gewissensbiß ist gerade unter Verbrechern und Sträflingen etwas äußerst Seltenes ... Ins Große gerechnet, härtet und kältet die Strafe ab; sie concentrirt; sie verschärft das Gefühl der Entfremdung; sie stärkt die Widerstandskraft. Wenn es vorkommt, daß sie die Energie zerbricht und eine erbärmliche Prostration und Selbsterniedrigung zu Wege bringt, so ist ein solches Ergebnis sicherlich noch weniger erquicklich als die durchschnittliche Wirkung der Strafe: als welche sich durch einen trocknen düsteren Ernst charakterisirt ... Unterschätzen wir nämlich nicht, inwiefern der Verbrecher gerade durch den Anblick der gerichtlichen und vollziehenden Prozeduren selbst verhindert wird, seine That, die Art seiner Handlung, *an sich* als verwerflich zu empfinden: denn er sieht genau die gleiche Art von Handlungen im Dienst der Gerechtigkeit verübt und dann gut geheißen, mit gutem Gewissen verübt: also Spionage, Überlistung, Bestechung, Fallenstellen, die ganze knifflige und durch-

---

repentant wrongdoers are naturally disposed to accept the appropriateness of the punishment provided, both because this will evidence to them and to others the genuineness of their feelings and because the punishment rights the wrong, brings about closure and restores relationships that have been damaged." Morris 1981, in: Murphy 1985, 51.

triebene Polizisten- und Anklägerkunst, sodann das grundsätzliche, selbst nicht durch den Affekt entschuldigte Berauben, Überwältigen, Beschimpfen, Gefangennehmen, Foltern, Morden, wie es in den verschiedenen Arten der Strafe sich ausprägt, – Alles somit von seinen Richtern keineswegs *an sich* verworfene und verurtheilte Handlungen, sondern nur in einer gewissen Hinsicht und Nutzanwendung."[68]

Nietzsches Bedenken haben nichts von ihrer Aktualität verloren und neuere Anstrengungen zur Humanisierung des Strafrechts und Strafvollzugs überlebt. Dem hohen Ideal der Buße und Besserung vermag keine reale staatliche Strafpraxis und auch sonst keine gesellschaftliche Institution zu genügen.[69] Die tieferliegenden Motive von Nietzsches Kritik der Strafe betreffen die Annahme der Willensfreiheit – ein Thema, das hier nicht weiterverfolgt werden kann.[70]

Der nicht-klassische Retributivismus ist immun gegen diese Einwände, denn er verknüpft Strafe nicht mit moralischer, sondern mit *rechtlicher* Schuld. Er intendiert nicht moralische Sühne, sondern lediglich die *Sanktionierung*

---

[68] Nietzsche 1980 a, 318 ff.

[69] Ob das Ideal der Besserung durch Reue und Buße als Ferment einer Humanisierung des Strafvollzugs und als Korrektiv einer bloßen „Resozialisierung" unentbehrlich bleibt, wäre allerdings zu bedenken. Zur Kritik an Resozialisierungskonzepten vgl. Hassemer 1990, 285-308.

[70] Vgl. aber die Studien von Pothast 1980 und Baurmann 1987, 74-89. Kants „Lösung" mithilfe eines Dualismus von freiem intelligiblem Charakter und kausal determiniertem empirischem Charakter ist unbefriedigend, führt es doch zu dem Paradox, das Lewis White Beck folgendermaßen formuliert hat: „We assume the freedom of the noumenal man, but we hang the phenomenal man." (Zitiert nach Allison 1990, 72) Baurmann rekonstruiert ein einfaches Modell von Willensfreiheit, das mit dem Empirismus und dem Verzicht auf einen Kantischen Dualismus zwischen empirischer und intelligibler Welt vereinbar ist. Auch Nietzsches Polemik gegen den freien Willen gilt eher der Zweiweltenlehre und metaphysischen Ausdeutung von Schuld und Sühne als einer moderaten Konzeption von Selbstbestimmung.

von freiwilligen[71] *Regelverletzungen.* „Bestraft zu werden für ein Vergehen gegen Regeln ist das Recht eines normalen Menschen."[72]

J. D. Mabbott hat in einem 1939 erschienen Aufsatz den nicht-klassischen Retributivismus skizziert.[73] Mabbott geht es darum, den Begriff und die Rechtfertigung (er unterscheidet beides nicht immer deutlich) rein retributiv zu halten – jedoch frei von den moralischen Konnotationen, die dem klassischen Retributivismus anhaften. Er legt Wert darauf, daß Begriff und Rechtfertigung der Strafe *nicht* von den Zielen der Reform oder Abschreckung *modifiziert* werden und zieht folgenden Vergleich heran: Jemandem taktvoll (ohne unnötig zu verletzen) die volle Wahrheit sagen heißt nicht, die Wahrheit modifizieren oder jemandem die Wahrheit sagen, *um* seine (oder ihre) Gefühle zu schonen. Solche Rücksichten gehören nicht zum Inhalt der Mitteilung, sondern nur zu ihrem Accessoir. Auch im Hinblick auf Strafen lassen sich „eigentliche Mitteilung" von den zufälligen Umständen unterscheiden. Ihre Hauptaufgabe besteht darin, eine Regelverletzung zu vergelten. Andere Absichten wie Reform und Abschreckung bilden nur das Extra-Arrangement. Selbst die Bestrafung einer Person, die kein Gesetz verletzt hat,

---

[71] Obwohl Mabbott sich nicht dazu äußert, ist anzunehmen, daß hier kein absoluter, sondern nur ein gradueller Begriff von Freiheit vorausgesetzt wird. Zur Unterscheidung vgl. Baurmann 1987, 35, 75.

[72] „To be punished for an offense against rules is a sane man's right." Ewing 1929, 165. Ewing vertritt allerdings einen begrenzten Retributivismus, der besagt, daß Retribution nur festlegt, daß außer Gesetzesübertretern niemand bestraft werden soll. Art und Maß der Strafe werden von den Zielen der Reform und Abschreckung determiniert. – Vom Recht des Täters auf Bestrafung spricht bereits Hegel; die Formel wird u. a. von Herbert Morris neu belebt. Zur Diskussion vgl. Primoratz 1986, 83-93; Deigh 1982 und Deigh 1984.

[73] J. D. Mabbott 1939. Der Terminus „nicht-klassischer Retributivismus" stammt von mir.

kann zufälligerweise Präventionswirkungen haben. Die Begriffe „schuldig-unschuldig“ sollen nicht moralisch, sondern rein legalistisch verstanden werden. Hierin liegt die Abweichung von den meisten Retributivisten.

Für eine Strafe braucht es zwei: Beide müssen die Regeln kennen und wissen, was aus einer Regelverletzung folgt. Doch für moralische Vergeltung hätte nur Gott die notwendige Autorität. Weder der Richter noch der Geschädigte haben ein Recht auf moralische Vergeltung. Der Geschädigte hat nicht einmal ein Recht zu strafen, sondern nur ein Recht auf Wiedergutmachung. Auch die Personalisierung der Gesellschaft ist irreführend: Sie macht die Gesellschaft zum „Opfer“. Eine Rechtsverletzung ist jedoch nicht per se eine Schädigung der Gesellschaft, die dann ihrerseits ein moralisches Recht auf Vergeltung hätte.

Die Wirkungen von Regelverletzungen auf die Gesellschaft werden insbesondere von Utilitaristen maßlos übertrieben – ein Punkt, den bereits W. D. Ross gegen den sogenannten indirekten Utilitarismus geltend gemacht hat.[74] Der indirekte Utilitarismus berücksichtigt nicht die Folgen von irgendwelchen Handlungen, sondern die Folgen von Regelverletzungen. Doch er begeht nach Mabbott den systematischen Fehler, daß er nur die Verletzung moralisch gerechtfertigter Gesetze für strafbar hält. Damit reduziert er die Begründung der rechtlichen Geltung eines Gesetzes auf die Folgen der Übertretung *dieses* Gesetzes statt auf eine allgemeine Rechtspflicht. Er engt den Blickwinkel ein auf Gesetze, deren Übertretung andere schädigen oder die „Heiligkeit“ der Geltung von Regeln schwä-

---

[74] „It may be suspected, too, that the effect of a single keeping or breaking of a promise in strengthening or weakening the farbric of mutual confidence is greatly exaggerated by the theory we are examining.“ W. D. Ross 1930, 39.

chen. Gegen eine solche Rechtfertigung läßt sich stets die Parole geltend machen: „Halte Deine Verbrechen geheim!" Der indirekte Utilitarismus bewertet demnach nicht die Rechtsverletzungen als solche, sondern ihre öffentliche Wirkung. Wenn eine Regelverletzung unbemerkt bleibt und pro tanto mehr Nutzen stiftet als die Befolgung dieser Regel, dann ist die Übertretung gerechtfertigt. Der Regelutilitarismus kann nicht begründen, warum auch jemand, der ein „schlechtes" oder „unvollkommenes" Gesetz verletzt, Strafe verdient.

Mabbott dagegen sucht die utilitaristische Strategie zu umgehen und insistiert auf der Verknüpfung zwischen Strafe und „Verbrechen", nicht auf einer Verknüpfung zwischen Strafe und Moral oder sozialer Schädigung. „Strafe ist ein Korollarium nicht des Gesetzes, sondern des Gesetzesbruches."[75] Er nennt seine Konzeption „statisch und abstrakt", aber unausweichlich. Sein Vergleich des Rechts mit einem funktionierenden Kreditsystem ist aufschlußreich. Rückzahlung in einem Kreditsystem muß unabhängig erfolgen vom Nutzen oder Nachteil, den sie von Fall zu Fall verursacht. Dieser Vergleich macht nochmals den legalistischen Standpunkt für das angemessene Verständnis von gesetzlichen Strafen geltend. Diesem Standpunkt liegt eine These über die begriffliche Trennung von Recht und Moral zugrunde. Diese „Trennungsthese" darf nicht dahingehend verstanden werde, als wäre eine moralische Beurteilung oder Vergleichung verschiedener Kreditsysteme nicht möglich. Eine solche Beurteilung wäre allerdings extern, nämlich in Gestalt einer funktionalen Außenbetrachtung, und würde der internen Regulierung des Zahlungsverkehrs nichts hinzufügen.

Mabbott glaubt, daß sein nicht-klassischer Retributivis-

---

[75] Mabbott 1939, 30.

mus, der die Trennung von Recht und Moral berücksichtigt, mit dem Problem der Fixierung von Strafen besser zurecht kommt. Für das Strafmaß können keine absoluten, für jedes Rechtssystem verbindliche moralische Kardinalwerte ermittelt werden,[76] wie das die Suche nach einem „moralischen Äquivalent" für Verbrechen nahelegt. Auf der Grundlage des Retributivismus lassen sich nur Ordinalwerte von Strafen fixieren. An die Stelle einer absoluten Werttabelle treten grobe Vergleichswerte. Resultat ist ein System von Strafen, das z. B. den Schafdieb milder bestraft als den Mörder und den Schafdieb nicht mit Todesstrafe bedroht.

Die Differenz im Ausmaß der sozialen Schädigung schafft zumindest einen Anhaltspunkt für die relative Fixierung des Strafmaßes. Damit kommen aber unweigerlich Folgenerwägungen ins Spiel, die der „reine" Retributivist auszuschließen betrebt war. Ob der Schafdieb drei Jahre Gefängnis oder eine Buße von 1000 Franken „verdient", läßt sich nicht in Isolation von anderen Strafen, rein moralisch ausmachen. Auch der Rekurs auf Unterschiede der „Sozialschädlichkeit" hat seine Tücken, denn der Aspekt der „sozialen Schädigung" scheint eine schädigungsfähige Superperson „Gesellschaft" zu unterstellen und ist insofern, wie Mabbott bereits ausgeführt hat, äußerst problematisch. Vielleicht läßt sich seine Idee so explizieren, daß ein Rechtssystem, in dem Bagatellen drakonisch und massive Schädigungen mild bestraft werden, den Mitgliedern und der Organisation einer Gesellschaft in mancher Hinsicht schadet, weil es 1) das Gerechtigkeitsgefühl der Bürger verletzt und 2) Sicherheit und Frieden in einer Gesellschaft gefährdet. Doch der Gedanke, daß z. B. Todesstrafe

[76] Mabott drückt sich nicht so aus, doch meine Rekonstruktion kommt seiner Intention hoffentlich nahe.

per se ein *moralisches Äquivalent* für Mord sei, hat in dieser Theorie keinen Platz.[77] Damit wird der Tendenz, unter dem Vorwand der moralischen Verurteilung von „kriminellen Monstern“ niedrigen Instinkten der Rache zu fröhnen, ein Riegel vorgeschoben.

Mabbott ist davon überzeugt, daß diese Strafauffassung auch bei Straftätern ein Echo findet. Diese beschweren sich gewöhnlich nicht über die Strafe als solche, sondern über unnötige Schikanen und die „Extras“ des Strafvollzugs. Gefangene können sehr wohl zwischen einer harten Strafe und einer absurden Peinigung unterscheiden. Was sie erbittert, sind die Umstände und Bedingungen, die nicht unerläßliche Elemente der Vergeltung für die begangene Regelverletzung sind, sondern der Brutalität, Nachlässigkeit und Rachsucht von Wärtern und Mitgefangenen entspringen. Gefängnis- und Rechtsreformen sollten gerade bei diesem gesunden Unterscheidungsvermögen einsetzen und dazu dienen, die Nebenwirkung der Reform und Abschreckung nicht zu verhindern. Am System von bekannten und voraussehbaren Strafen für wissentliche Rechtsverletzungen, d. h. an einer retributiv orientierten Institution staatlichen Strafens, sollten sie jedoch nicht rütteln.

Mabbotts Exposition des nicht-klassischen Retributivismus hat den Nachteil, daß er nicht deutlich zwischen Begriff und Rechtfertigung der Strafe unterscheidet. Als *Explikation des Begriffs* ist sein Vorschlag zu eng. Er definiert Strafen als Sanktionen gegen absichtliche bzw. wissentliche Regelverletzungen. Diese Definition setzt die uneingeschränkte Geltung des Verantwortungsprinzips

---

[77] Diese Hinweise bilden nur den Anfang einer retributiven Theorie der Fixierung von Strafen. Ihre Fortsetzung bildet ein besonders dorniges und weites Feld! Vgl. Wertheimer 1975; von Hirsch 1976; Davis 1983 und 1986 a.

bereits voraus. Streng genommen läßt diese Definition nicht einmal die Unterscheidung zwischen zumutbarem und unzumutbarem Wissen und zwischen vermeidbarer und unvermeidbarer Unwissenheit zu.

Erinnern wir uns an die eingangs erwähnte Definition: Strafen sind Übel, welche einem Gesetzesbrecher von einer menschlichen Instanz absichtlich als Übel zugefügt werden, wobei diese Instanz von der Rechtsordnung autorisiert ist, deren Gesetze der Täter verletzt hat. Die Rede vom „Täter" evoziert, daß ein Akteur für seine Tat auch im moralischen Sinne verantwortlich ist. Doch bei Erfolgshaftung besteht zwischen Handlung und Rechtsverletzung nur eine kausale Beziehung; im Falle von stellvertretenden Strafen entfällt sogar die direkte kausale Beziehung. An ihre Stelle tritt eine rechtlich festgelegte Zuordnung von Verantwortung z. B. eines Unternehmers für die Handlung von Angestellten oder eines Hundebesitzers für das Verhalten seines Hundes. Damit wird die Rede vom „Täter" und die Standard-Definition gesprengt. Was von der ursprünglichen retributiven Idee, daß nur Schuldige bzw. nur jene, die Strafe verdienen, bestraft werden müssen, schließlich übrigbleibt, ist lediglich die Beziehung von Strafen auf Rechtsverletzungen. *Alle Versuche, den gesetzlichen Begriff der Strafe retributiv zu explizieren, erweisen sich entweder als zu eng, oder sie werden so verdünnt, daß nur die Maxime „nulla poena sine lege" übrigbleibt.*

Mabbott scheint seine Konzeption nicht nur auf den Begriff, sondern auch auf die *Rechtfertigung* von Strafen zu beziehen. Die einzige Rechtfertigung für gesetzliche Strafen, die überhaupt in Betracht kommt, liegt im Nachweis einer begangenen Regelverletzung. Doch was für eine Sorte von Rechtfertigung ist das? Eine moralische sicher nicht. Aus dieser Unbestimmtheit folgt der gewichtige

Einwand, daß der nicht-klassische Retributivismus den Status einer moralischen Rechtfertigungstheorie einbüßt.[78] Er verliert den Bezug zur moralischen Schuld, Sühne und Reue, die doch den „immanenten Zweck" der Strafe auszumachen schien. Er degeniert zu einer bloßen Beschreibung dessen, wie Sanktionen in einem Staat funktionieren oder wie sie – im Rahmen der bestehenden Gesetze – funktionieren sollten. Mabbotts Version eines nicht-klassischen Retributivismus bietet keine moralische Legitimation von Strafen – weder von Einzelstrafen noch von der Institution des Strafrechts. Was letztere betrifft, neigt Mabbott vielmehr zu einer utilitaristischen Rechtfertigung. So gesehen vertritt er keinen reinen Retributivismus, sondern – als Vorläufer von Rawls und Hart – eine kombinierte oder gemischte Straftheorie.

Trotz seiner Polemik gegen den indirekten Utilitarismus scheint einiges dafür zu sprechen, daß selbst Mabbott nicht auf utilitaristische Erwägungen zu verzichten vermag, daß er also eine kombinierte Theorie der Strafe vertritt. Utilitaristisch oder konsequentialistisch im weiteren Sinne sind die Gründe dafür, daß Gesetze besser sind als Anarchie und daß Strafen in Proportion zur Schädigung stehen sollten. Rawls[79] deutet Mabbott so, daß er die utilitaristische Rechtfertigung auf die Praxis des Strafens überhaupt und die retributive Rechtfertigung auf singuläre Strafen bezieht. Wie Hart bekräftigt, sollten die beiden Strafprinzipien nicht einfach kombiniert oder vermischt, sondern auf je zwei verschiedenen Ebenen der Rechtfertigung angesiedelt werden.[80] Die Emphase der Retribution liegt auf der Ebene der individuellen Strafzuweisung und

---

[78] Zur Kritik an Mabbott vgl. Honderich 1989 a, 156-162.

[79] Rawls 1955 in: Baird und Rosenbaum 1988, 39.

[80] Hart 1959/1960.

-zumessung, d. h. zunächst auf dem Eigennamen des Deliquenten: Bestraft wird nur die Person P. P., die rechtswidrig gehandelt hat – oder in einer rechtlichen Mitverantwortung steht. Auf die Kombination von Utilitarismus und Retributivismus werden wir am Ende dieses Abschnitts zurückkommen.

Die Sterilität des legalistischen Retributivismus läßt sich überwinden, wenn man verdiente Strafe als Antwort auf eine Regelverletzung *und* Ahndung der Verletzung einer allgemeinen, moralisch begründeten Rechtspflicht versteht.[81] Der Verbesserungsvorschlag von C. W. K. Mundle verdient hier besondere Beachtung. Er unterscheidet drei Thesen:

1) Die Tatsache, daß eine Person ein moralisches Vergehen oder Verbrechen begangen hat, ist ein hinreichender Grund dafür, ihr Leiden zuzufügen.
2) Wenn Leute bestraft werden, sollten die auferlegten Leiden proportional zum moralischen Gewicht ihres Vergehens sein.
3) Für jedes besondere Vergehen gibt es eine bestimmte Art oder ein fixes Maß von Leiden, welche zur gerechten Strafe gehören.

Wie Mabbott verwirft Mundle die dritte These. Sie ist das Erbe des klassischen Retributivismus, das der Kritik am wenigsten Stand hält. Die Schwierigkeiten der Durchführbarkeit der zweiten These wurden bereits erwähnt. Die erste These dagegen bildet das Mark des Retributivismus. Sie darf jedoch nicht so verstanden werden, als seien alle Vergehen und Verbrechen an sich selber betrachtet moralisch verwerflich. Eine solche Auslegung würde einem Rückfall in die Deontologie oder den absoluten Charakter[82] des klassischen Retributivismus gleich kommen. Der

[81] Vgl. Mundle 1954.
[82] Deontologische Normierungstheorien statuieren Prinzipien, die nicht

nicht-klassische Retributivismus legt sich weder auf eine deontologische Normierungstheorie noch auf einen Rechtsmoralismus fest. Er impliziert m. a. W. nicht die Überzeugung, der zufolge Verbrechen in sich unmoralisch wären, völlig unabhängig vom Aspekt ihrer Illegalität.[83] *Verbrechen sind deshalb unmoralisch, weil sie gegen eine allgemeine Rechtspflicht verstoßen.* Mit Rücksicht auf das Verhältnis von Strafrecht und Moral ließe sich sagen, daß der einzige moralische Wert, den das Strafrecht direkt und unmittelbar erzwingen darf, der Wert des Rechtsgehorsams, der Achtung vor den Gesetzen, ist. Diese Rechtspflicht gilt jedoch nur prima-facie – ein Punkt, den Mabbott offenbar übersehen hat. Denn die Möglichkeit von Konflikten zwischen dem Gewissen eines Individuums und der generellen Rechtspflicht läßt sich nicht absolut verbannen.

Mundle bringt also die Moral wieder in die retributive Straftheorie zurück – aber eben nur via eine angenommene allgemeine Rechtspflicht. Die Begründung einer solchen Rechtspflicht, so muß hier gleich kritisch hinzugefügt werden, ist eine delikate Angelegenheit, und der nicht-klassische Retributivismus könnte an diesem Problem scheitern. Es ist zweifelhaft, ob sich eine generelle Pflicht zum Rechtsgehorsam mit dem Hinweis auf die

---

(ausschließlich) folgenorientiert begründet werden können und unabhängig von dem Umständen (nahezu) ausnahmslos gelten. Ein solches Prinzip scheint für Kant u. a. die Strafgerechtigkeit zu sein. Spezifische Handlungen wie z. B. die absichtliche Tötung Unschuldiger, aber auch Lüge und Ehebruch werden als mala intrinseca betrachtet.

[83] „I do not mean by it [mit These 1], to be justly punishable, an action must be intrinsically wrong, i.e. wrong independently of its being forbidden by law. I am assuming that citizens have a moral obligation to obey the laws of their State, an obligation which derives from the fact that regulation of their behaviour by law is a necessary condition fo civilised life." Mundle 1954 in: Dworkin und Thomson 1968, 445.

Sicherheitsgarantien des bloßen Bestehens eines Regelsystems legitimieren läßt. Mundles Andeutung ist zu knapp und teilt die Schwächen des indirekten Utilitarismus, die bereits von Mabbott diagnostiziert wurden. Jüngere Studien haben die ganze Tragweite und Schwierigkeit einer Theorie der Rechtspflicht dargelegt.[84]

Bisher haben wir utilitaristische und retributive Straftheorie als exklusive Alternativen diskutiert. In der Literatur werden sie jedoch meistens kombiniert. Kombinierte Theorien bestehen in einer Heirat von Utilitarismus und Retributivismus, wobei immer wieder die Frage aufgeworfen wird, ob es sich dabei nicht um eine Mißheirat handelt.[85] Da wir angedeutet haben, daß eine retributive Theorie nicht auf einer strikt deontologischen (d. h. antikonsequentialistischen) Normierungstheorie basieren muß und da umgekehrt eine utilitaristische Position, die z. B. moralische Rechte integriert, nicht durch und durch konsequentialistisch zu sein braucht, entfällt mindestens ein Konfliktstoff, nämlich der Streit für oder gegen *reine* Folgenorientierung. Weiterhin kann keine Straftheorie 1) von den Schadensfolgen strafbarer Handlungen und 2) von den Motiven und Absichten des Täters absehen. So gesehen wird die geläufige Gegenüberstellung von Erfolgs- und Gesinnungsethik desavouiert. Schließlich haben beide Theorien für sich genommen praktische

[84] Die Annahme einer moralischen Präsumtion zugunsten der Legalität ist nicht zu verwechseln mit der Annahme einer generellen Rechtspflicht. Letztere läßt sich m. E. nicht befriedigend begründen. Vgl. meine Kritik diverser Versuche in Wolf 1985.

[85] Positiv beurteilen Rawls 1955 und Hart 1959/1960 eine kombinierte Theorie. Goldman 1979 dagegen vertritt die Auffassung, Mischtheorien aller Art seien inkonsistent, weil sie entgegengesetzte und unvereinbare Zwecke innerhalb ein und derselben Institution realisieren wollen. Zur Unterscheidung von intellektuellen und praktisch-politischen Kompromissen in der Straftheorie vgl. Walker 1991, 131 f.

Schwierigkeiten bei der Fixierung des Strafmaßes. Eine vernünftige Rechtfertigung des Strafmaßes, wenn es sie überhaupt geben sollte, scheint eine Kombination von dem individuellen Täter gegenüber gerechter und dem Kollektiv gegenüber schadenverhütender Zielsetzung erforderlich zu machen. Optimal wäre demnach eine Synthese von Utilitarismus und Retributivismus. Dies ist jedenfalls eine weit verbreitete Meinung. Ob eine kombinierte Position völlig konsistent ist oder ob erst Harts Zwei-Ebenen-Theorie eine konsistente Zusammensetzung ermöglicht, wird hier nicht untersucht.

Die dritte Alternative einer Kombination oder „Mischtheorie" – so lautet nun ein Einwand – bewahrt die Defekte, die beide Theorien für sich betrachtet aufweisen. Der Effekt ist vergleichbar damit, daß man zwei Siebe übereinander legt – durchlässige Stellen bleiben bestehen. Jedenfalls ist es unwahrscheinlich, daß die theoretischen und praktischen Schwierigkeiten beider Theorien in einer „Synthese" behoben werden.

Häufig wird unterstellt, daß Utilitarismus und Retributivismus grundsätzlich, wenn vielleicht auch nicht in allen Einzelfragen, vereinbar seien und daß in Konfliktfällen Kompromisse geschlossen werden müßten. Oberflächlich gesehen wird damit zwei Intuitionen Rechnung getragen. Gerechte Strafe, so wird gesagt, ist Strafe, die der Verantwortung, der Personalität und den Verdiensten bzw. der Schuld des Einzeltäters gegenüber gerecht wird; bildlich gesprochen ist es die Strafe, die wir insbesondere im Strafvollzug im Dialog mit dem Täter diesem selber verständlich und akzeptabel machen könnten. Die Strafe als System, Maßnahme und gesellschaftlich autorisierte staatliche Zwangsfunktion hingegen muß der Erhaltung der staatlichen Autorität und dem Allgemeinwohl Genüge tun.

Damit sind wir zum Punkt gelangt, an dem die *Begründung* der Strafgerechtigkeit spruchreif wird. Wird die Intuition der Strafgerechtigkeit, wonach nur Verantwortliche bestraft werden dürfen und die Verhältnismäßigkeit der Mittel beachtet werden muß, nicht lediglich dogmatisch vorausgesetzt, begnügt man sich auch nicht mit der reductio ad absurdum der utilitaristischen Straftheorie, so bleibt – abgesehen von metaphysischen und naturrechtlichen Begründungen – der Rekurs auf die Begründung durch Vertrag und Dialog übrig.

Vertragsmetaphern wurden v. a. im 18 Jahrhundert zur Legitimation des Strafens herangezogen.[86] Im 19. Jahrhundert wurde Vertragstheorien des Staates und der Strafe zurückgedrängt – man denke etwa an Hegel, der im § 100 seiner *Grundlinien der Philosophie des Rechts* Beccarias u. a. auch vertragstheoretisch begründete Kritik der Todesstrafe mit dem lapidaren Satz zur Seite schob, der lautet: „Der Staat ist überhaupt kein Vertrag."[87] In der zweiten Hälfte dieses Jahrhunderts erlebten die Vertragstheorien eine überraschende Wiedergeburt. Der bekannteste Entwurf einer vertragstheoretischen Begründung der Gerechtigkeit stammt von John Rawls. Rawls' Differenzprinzip formuliert eine Art von Vetorecht der Schlechtestgestellten gegen Veränderungen, die ihre Lage zusätzlich verschlechtern oder ihnen keine Vorteile bringen.

„Alle Unterschiede im Hinblick auf Besitz und Einkommen sowie alle sozialen und wirtschaftlichen Ungleichheiten sollten zum Wohl der am wenigsten Begünstigten beitragen."[88]

---

[86] Vgl. Seelmann 1991.

[87] Hegel 1970, 191. Hegel wiederholt, was bereits Aristoteles in Pol. 3, 9 gegen den Sophisten Lykophron gesagt hatte. Vgl. Primoratz 1978 a, 407.

[88] Rawls 1977, 101.

Man beachte, daß Rawls hier von einem Gerechtigkeitsprinzip spricht, aus dem u. a. folgt, daß Reiche und Bessergestellte unter Umständen eine *Pflicht zum Opfer und Verzicht* haben. Damit bringt er nicht zuletzt das Ideal der Fraternité zum Ausdruck. Eine „libertäre" Intuition hingegen lautet, daß es freundlich und großzügig sei, wenn Reiche und Privilegierte auf gewisse Vorteile verzichteten, doch daß nicht alles, was schön und gut sei, auch ein striktes Gebot der Gerechtigkeit sei und daß niemand zu beliebigen Solidaritätsopfern gezwungen werden dürfe.
Eine vertragstheoretisch begründete Ablehnung eines Strafrechts ohne Verantwortungsprinzip könnte das Differenzprinzip folgendermaßen reformulieren:

„Die bei einem Strafrecht ohne Verantwortungsprinzip am meisten benachteiligten Betroffenen sind die Bestraften, die für eine strafbare Handlung nicht verantwortlich sind."[89]

Der Vertrag wird als Gedankenexperiment eingeführt. Personen entscheiden sich aus Selbstinteresse, aber in Unkenntnis über ihre künftige Position, für ein Gerechtigkeitsprinzip, welches das Risiko einer Verschlechterung der eigenen Situation verringert oder ausschließt.
Der Kontraktualismus gehört seit den Arbeiten von John Rawls wieder zu den meist diskutierten Normierungstheorien der Gegenwart, doch seine Beliebtheit steht in krassem Mißverhältnis zu den elementaren Sünden von Vertragstheorien. Seit Humes Kritik an der Ungeschichtlichkeit von Gesellschaftsverträgen ist es üblich, diese nur als Gedankenexperimente, d. h. als Verträge zwischen fik-

---

[89] Baurmann 1987, 247. Baurmann vertritt eine Minimalversion der Vertragstheorie, ohne ihre Begründungsschwächen zu verschweigen. Allerdings ist das Projekt, ohne Letztbegründung zu prüfen, was eine Vertragstheorie impliziert, an sich interessant und nicht einfach von der Hand zu weisen.

tiven Partnern einzuführen. Doch den hypothetischen Anforderungen an eine „Urposition“ sind keine Grenzen gesetzt. Warum sollten die Vertragspartner hinter dem „Schleier des Unwissens“ z. B. noch wissen, daß sie Frauen oder Männer, ja überhaupt Angehörige der menschlichen Spezies sein werden? Und warum sollten fiktive Verträge reale Personen binden? Abgesehen von dieser Realitätsferne scheinen Vertragstheorien auch auf untolerierbare Weise zirkulär zu sein. Sie setzen nämlich die normative Geltung von Verträgen bereits voraus. Warum, unter welchen sich verändernden Umständen und wie lange müssen sich Vertragspartner in einem „Urzustand“ an ihre Übereinkünfte halten? Diese Frage läßt sich ihrerseits nicht „vertragstheoretisch“ beantworten. Der Kontraktualismus ist weder ein auf reale Verhältnisse anwendbares Verfahren noch ein Kanon von Prinzipien, die sich ohne realitätsferne Annahmen oder petitio principii begründen ließen. Meistens werden „einleuchtende“ Prinzipien wie z. B. Rawls’ Differenzprinzip deshalb mit Enthusiasmus aufgenommen, weil sie die Vorurteile unserer christlichen Erziehung und Kultur spiegeln.

Ähnlich wie das Vertragsmodell wird auch das Dialogmodell gerne als Begründungsmuster für nicht-konsequentialistische Prinzipien verwendet. Es wird die Frage gestellt, was man einer Person gegenüber von Angesicht zu Angesicht rechtfertigen könnte und was nicht.[90] Das dialogische Modell soll eine ideale Kommunikation veranschaulichen, in der es weder bewußte Manipulation noch „verzerrte Kommunikation“ gibt. Diese nicht-manipulative Intention wird dann erfüllt, wenn der Verur-

---

[90] Vgl. Pincoffs 1966, 2 ff.; Murphy u. Coleman 1984, 128; Nagel 1979, 67 spricht in einem etwas anderen Zusammenhang von „justifying to the victim“. Unter Berufung auf Apel und Habermas finden wir das Dialogmodell auch bei Kunz 1989.

teilte bzw. Bestrafte den Zusammenhang zwischen Strafe und „Sühne" einsieht. Strafe darf kein Vorwand für ein unausgesprochenes Interesse oder Ziel sein, das mit der Strafe (als einem Medium der „Mitteilung") gar nichts zu tun hat. Ebensowenig sollte das Strafrecht nicht einfach gesellschaftliche Verhältnisse von Abhängigkeit und Überlegenheit reproduzieren und zementieren. Schließlich bleibt unklar, ob dialogische Rechtfertigungsversuche bereits in einer nicht vollkommen gerechten Gesellschaft (und das ist wohl jede zu irgendeiner Zeit existierende Gesellschaft) oder erst in einer extrem ungerechten Gesellschaft kompromittiert werden. Wie ungerecht müssen gesellschaftliche Verhältnisse sein, daß die in ihnen geführten Dialoge nicht mehr als echte Kommunikation und die erzielten Vereinbarungen somit als moralisch desavouiert gelten?

Das tertium comparationis der beiden Bilder von Vertrag und Dialog ist die Bezugnahme auf zwangslose und informierte Zustimmung der Betroffenen. Ob es sich beim Kontraktualismus und beim dialogischen Prinzip um einen genuinen Typus von Argumenten oder bloß um rhetorische Ausschmückung handelt, bleibt indessen zweifelhaft. Die Problematik des Bildes von Rechtfertigung als einem Dialog zwischen Personen wird jedoch ersichtlich, wenn man bedenkt, daß die Begriffe eines Dialogs oder einer persönlichen Beziehung äußerst dehnbar sind – Nagel z. B. behauptet, daß sogar Feindschaft eine persönliche Beziehung sei, wenn sie sich in einem fairen, aber tödlichen Zweikampf manifestiere (im Unterschied zu einem heimtückischen Mord).[91]

Wir haben in diesem Kapitel gezeigt, wie der nicht-klassische oder legalistische Retributivismus versucht, Defekte

[91] Vgl. Nagel 1979, 64.

des klassischen Retributivismus und des (Regel-)Utilitarismus zu beheben. Das Scheitern dieses Programms ist lehrreich: Einerseits verliert der nicht-klassische Retributivismus seinen Status als moralische Legitimationstheorie; andererseits kann er bei der Festlegung des Strafmaßes nicht auf folgenorientierte Erwägungen verzichten. Der Rettungsversuch, der darin besteht, den legalistischen Ansatz mit einer Theorie der generellen moralischen Rechtspflicht zu verbinden, steht und fällt mit der Begründbarkeit einer solchen Rechtspflicht.

Der Appell an Gerechtigkeitsgefühle entbindet nicht von einer Begründung dieser Gefühle. Die beiden wichtigsten Modelle – der ideale Vertrag und der ideale Dialog – sind rhetorische Ornamente, aber vermutlich keine echten Alternativen zum Konsequentialismus. Die Anziehungskraft des Retributivismus verdankt sich nicht zuletzt dem Zauber von Metaphern, die in den nächsten beiden Kapiteln zur Sprache kommen.

6. Die Metapher der Wiederherstellung der Balance

Gerechtigkeit wird mit der Allegorie der Waage dargestellt. Strafgerechtigkeit ist – metaphorisch gesprochen – die Wiederherstellung eines gestörten Gleichgewichts. Diese bestechende Metapher ist jedoch irreführend. Sie läßt keinen Raum für Vergebung oder Gnade, sondern fördert unnachgiebiges Vergeltungsdenken, das sich nicht mit den schwachen Maximen: „Kein Strafe ohne Verbrechen“ oder „Strafe ist nur erlaubt, wenn ein Verbrechen vorliegt“ begnügt, sondern die strengen Maximen „Kein Verbrechen ohne Strafe“ oder „Strafe muß sein“[92] strapaziert. Daß der klassische Retributivismus diese rigorose Gestalt annehmen kann, läßt sich einer berüchtigten Passage aus Kants „Metaphysik der Sitten“ entnehmen. Kant schreibt:

„Selbst wenn sich die bürgerliche Gesellschaft mit aller Glieder Einstimmung auflösete (z. B. das eine Insel bewohnende Volk beschlösse auseinander zu gehen und sich in alle Welt zu zerstreuen), müßte der letzte im Gefängniß befindliche Mörder hingerichtet werden, damit jedermann das widerfahre, was seine Thaten werth sind, und die Blutschuld nicht auf dem Volke hafte, das auf diese Bestrafung nicht gedrungen hat: weil es als Theil-

[92] Vgl. Mackie 1982, 207, der zwischen negativem Retributivismus (keine Strafe ohne Verbrechen), einer Zwischenform (Strafe ist nur erlaubt, wenn ein Verbrechen vorliegt) und positivem Retributivismus unterscheidet. Nur der positive Retributivismus macht Strafe für Unrecht obligatorisch.

nehmer an dieser öffentlichen Verletzung der Gerechtigkeit betrachtet werden kann."[93]

In Kants Version der Retributivismus gibt es keinen Platz für Verzeihen, und das Begnadigungsrecht wird von ihm sehr ungnädig als „schlüpfrigstes" Recht bezeichnet.
Dieser Einwand verliert an Gewicht, wenn die Forderung der Wiederherstellung eines Gleichgewichts nicht auf die Schadenswirkung von Verbrechen und Strafe bezogen wird, sondern auf den „unfairen Vorteil", den sich Gesetzesübertreter verschaffen bzw. den unfairen Vorteil, den sie unabhängig vom materiellen oder subjektiv empfundenen Profit ihrer Straftat aus dem Gesetzesgehorsam ihrer Mitbürger ziehen.[94] Strafe dient idealiter der Wiederherstellunge eines fairen Gleichgewichts von Vorteilen und Lasten,[95] und diese Funktion kann unter Umständen auch Vergebung erfüllen. Morris fügt allerdings hinzu, daß die Praxis der Entschuldigungen mit Fingerspitzengefühl [sensitively] gepflegt werden muß, denn sie kann die Erhaltung eines Gleichgewichts von Vorteilen und Lasten in einer Weise gefährden, in der das die Praxis der Gerechtigkeit nicht kann.[96]
Ob Verzeihen überhaupt in der Kompetenz des Staates liegt, ist allerdings zweifelhaft. Was im Gesetz vorgesehen ist, sind Entschuldigungen, Rechtfertigungen und Akte der Begnadigung. Von Verzeihen ist keine Rede. Nach

---

[93] Kant 1797 in: Kant 1907/1914, 333. Ob Kant ein reiner Retributivist war, ist allerdings umstritten. Vgl. Fleischacker 1988; Höffe 1990, 242-248; Oberer 1982; Scheid 1983; Sorell 1987, Kap. 6 und 7.
[94] Vgl. Finnis 1972; 1980, 262-266; 1983, 128-133. Vgl. auch Lemos 1977.
[95] Vgl. Davis 1983, 744; Burgh 1982.
[96] Morris 1976, 34. Interessant ist die These von Hobbes im Leviathan am Ende des 38. Kap.s, Verzeihen verstoße nicht gegen die Gerechtigkeit, weil Versprechen von Übel (Strafandrohungen) im Unterschied zu Versprechen eines Gutes nicht moralisch bindend sei.

einem Vorschlag von Jeffrie G. Murphy ist Verzeihen eine Tugend, die in der Überwindung von Ressentiments aus moralischen Gründen besteht.[97] Sie spielt eine besondere Rolle in freundschaftlichen und intimen Beziehungen, die uns verletzlicher und aggressiver machen können und für die permanter Groll Gift ist. Verzeihen ist also ein Versuch, eigene Gefühle gegenüber einem Übeltäter zu überwinden – ein Versuch, der gelegentlich gelingen mag. Stellvertretende Verzeihung ist unmöglich. Ich kann z. B. nicht Hitler verzeihen, daß er Millionen von Juden ermorden ließ. Ebensowenig kann der Staat stellvertretend für das Opfer dem Täter verzeihen – ganz abgesehen davon, daß der Staat kein Subjekt mit Gefühlen ist. Begnadigung und Amnestie dagegen setzen keine Überwindung von Gefühlen voraus, sondern lediglich ein Verhalten, das im Verzicht auf das Recht zu strafen besteht. Entschuldigungen machen die Abschwächung von Strafe und Mißbilligung aufgrund gewisser Bedingungen wie Krankheit oder Milieu erforderlich; (zu harte) Strafe wäre unfair. Rechtfertigungen bestehen im Nachweis, daß eine Handlung richtig war oder daß sie – obwohl prima facie falsch – aufgrund anderer moralisch relevanter Faktoren alles in allem gesehen richtig war. Eine gerechtfertige Handlung wäre z. B. ein Autodiebstahl zur Rettung einer Person in Lebensgefahr oder Tötung aus Notwehr. Es ist denkbar, daß ein Opfer einem Täter verzeiht, ohne daß der Staat es begna-

---

[97] Murphy 1982. Murphys Unterscheidungen zwischen Entschuldigung, Begnadigung und Verzeihung sowie seine Schlußfolgerungen decken sich weitgehend mit denen von Kleinig 1973, 87-92. Kleinig betont z. B. ebenfalls, daß Vergebung in der Weigerung bestehe, Gefühle des Grolls etc. zu nähren und zu perpetuieren und daß diese Gefühlshygiene damit vereinbar sei, daß die verdiente Strafe gleichwohl vollzogen werde. Allerdings sei Verzicht auf Strafe (insbesondere in nicht-rechtlichen Kontexten) das deutlichste Zeichen für Verzeihung.

digt oder umgekehrt: Daß der Staat begnadigt, aber der Geschädigte nicht verzeiht.
Die Frage ist nun, ob das Ausbleiben einer Strafe oder das Ausbleiben von Ressentiments auf Seiten des Opfers das „Gleichgewicht“ stört. Im nicht-klassischen Retributivismus kommt nur das Ausbleiben der Strafe als eine solche Störung in Frage. Genau genommen sind es also nicht Verzeihen, sondern Begnadigung und Amnestie, die nicht in den Rahmen des legalistischen oder nicht-klassischen Retributivismus passen.[98]
Eine grundsätzlichere Aporie der Metapher vom Gleichgewicht der Waagschalen wurde bereits diskutiert: Die Gewichte in den beiden Waagschalen müßten kommensurabel sein. Ließen sich Leiden des Opfers mit Leiden des bestraften Täters vergleichen, dann wäre Strafe nicht mehr als zugefügtes Leiden. Ist jedoch Strafe die autorisierte Zufügung von Leiden, dann ist sie mit den Leiden des Opfers nicht mehr kommensurabel. Unrechtmäßig zugefügte Leiden und gutmachende Leiden lassen sich nicht auf eine Ebene stellen. Das spricht insbesondere gegen Kants Legitimation der Todesstrafe: Verbrecherische Tötung und autorisierte Tötung sind nicht einmal kommensurabel. In Abweichung zu seiner Forderung von *Gleichartigkeit* spricht Kant auch von *Proportion* der Strafe zur *inneren Bösartigkeit*. Nimmt man Kants Skepsis bezüglich der Erkennbarkeit von gutem oder bösem Willen als „intelligiblen Gebilden“ ernst, so wird Kants Straftheorie für Menschen vollends unpraktikabel. So oder so läßt sich das Strafmaß nicht in exakter Korrespondenz zum Ausmaß widerrechtlicher Übel fixieren, egal ob die Gleichartigkeit von strafbarer Handlung und Strafart oder von Strafmaß und innerer Bösartigkeit zum Maßstab genom-

[98] Ein ausführliche Erörterung findet man in Murphy u. Hampton 1988.

men werden. Die Metaphorik des Wägens und der Balance verliert ihre anfängliche Plausiblität.[99]

Der Einwand der Inkommensurabilität ist jedoch nicht unüberwindbar. Wie bereits angedeutet wurde, lassen sich Gesetzesverstoß und Strafe als Formen der Störung und Wiederherstellung einer fairen Verteilung von Vorteilen und Lasten verstehen. Allerdings muß das Fairneßmodell seinerseits gegen eine ganze Batterie von Einwänden verteidigt werden. Einige Gesetze wie z. B. jene gegen Vergewaltigung werden nur von einer Minderheit von Bürgern als „Last" wahrgenommen, während einige Verbrechen (oder unausgeführte Vorbereitungen) den Tätern keine greifbaren Vorteile bringen, aber gleichwohl strafbar sind; Täter verdienen ihre Strafe nicht nur aufgrund der komparativen Gerechtigkeit (nach der es unfair ist, daß von zwei Gesetzesübertretern der eine bestraft wird und der andere nicht), sondern aufgrund ihrer Schuld, d. h. einer inkomparativen Gerechtigkeit.[100] Es ist nicht plausibel, *alle* Straftaten nach dem Muster der Verletzung von Fairneßpflichten zu verurteilen. Die sog. *mala prohibitiva* (X ist schlecht, weil es verboten ist) lassen sich – unter der Voraussetzung einer begründeten generellen moralischen Rechtspflicht – zwar so begreifen, aber nicht die *mala in se* (X ist verboten, weil es an sich schlecht ist). So ist es z. B. unangemessen, Mord und Vergewaltigung mit Bezugnahme auf einen unfairen Vorteil gegenüber jenen zu verurteilen, die sich beherrschen. Liegt doch das Übel dieser Straftaten primär und ausschließlich in der Verursachung eines schweren Angriffs auf Interessen und Integrität der Opfer,

---

[99] Vgl. Kenny 1978, 71 f.

[100] Zur Unterscheidung von komparativer und inkomparativer Gerechtigkeit vgl. Feinberg 1980, 265-306. Nach den Standards der inkomparativen Gerechtigkeit ist es gerechter, wenn wenigstens einige als wenn keine Delinquenten bestraft werden.

und nicht in einer Vernachlässigung von Fairneßpflichten gegenüber Dritten.[101]

Andere Einwände beziehen sich weniger gegen das Fairneßmodell als solches, sondern gegen seine Anwendbarkeit. Diese Einwände betreffen die Kluft zwischen Ideal und Realität und lauten: Da ohnehin nie alle Verbrecher gefaßt werden, wäre es unfair, jene zu bestrafen, die zufällig gefaßt werden; wenn ohnehin prozentual mehr Schwarze, Ausländer, „Ungebildete" und Angehörige anderer diskriminierter Gruppen verhaftet und bestraft werden, ist es sogar in weit höherem Maße unfair, diese Unglücklichen zu strafen. Das Argument der Fairneß scheint zur Schlußfolgerung zu führen, daß es – angesichts der bestehenden Dunkelziffer von ungeahndeten Verbrechen und der Diskriminierung gewisser Bevölkerungsgruppen – ungerecht ist, jene Schuldigen zu strafen, deren man habhaft werden kann. Diese Einwände sollen hier nicht ausführlich diskutiert werden.[102] Sie sollen nur signalisieren, daß die Verfeinerung der Metaphorik vom Gleichgewicht durch ein Fairneß-Modell nicht alle Schwierigkeiten überwindet und z. T. neue schafft.

Diese Aufzählung von Schwierigkeiten sollte uns nicht zum Fazit verleiten, daß eine Fairneß-Theorie der Strafe ein hoffnungsloses Projekt ist. Trotzdem bleiben die im

---

[101] Vgl. Duff 1986, 211 ff.

[102] Sadurski 1990, 153-160. Sadurski verdeutlicht auch den Unterschied zwischen einem Fairneß-Modell der Verteilung von Autonomiesphären und einer eher utilitaristisch interpretierten Verteilung von Vorteilen und Nachteilen. Zur letzteren vgl. Hare, 1989, 203-216 und Hare 1981, 161 f. Während Hare nur unbestimmt von „gewissen Vorteilen" des Lebens in einer Gesellschaft unter diesen Gesetzen spricht, bezieht sich Sadurski spezifisch und ausschließlich auf die Vorteile eines Lebens mit einer geschützen Sphäre der Autonomie. – Die Intuition, es sei unfair, einige zufällig geschnappte Verbrecher zu bestrafen, kollidiert mit der Intuition, daß jeder überführte Verbrecher auch bestraft werden muß.

letzten Kapitel und im Exkurs über das Verantwortungsprinzip genannten Begründungsfragen offen. Das Gerechtigkeitsgefühl fällt nicht vom Himmel, und die verfügbaren kontraktualistischen und dialogischen Begründungsmodelle sind zwar anschaulich, aber unverbindlich und zirkulär. Was in diesem Kapitel gezeigt wurde, sind die Aufgaben einer Durchführung. Das Programm einer Fairneß-Theorie der Strafe führt in theoretische Verästelungen, welche die umittelbare Anmutungsqualität der Metapher der Wiederherstellung einer Balance erheblich trüben.

Die Vitalität des Retributivismus verdankt sich weitgehend der Überzeugungskraft von Metaphern. Im folgenden Kapitel wenden wir uns einer weiteren Metaphorik zu, in der sich der gefühlsmäßige und der geschäftsmäßige Aspekt des Vergeltungsgedankens kreuzen.

7. Die Metapher der Rückzahlung einer Schuld

Walter Berns erzählt in der Einleitung zu seiner Streitschrift für die Todesstrafe, wie er von seiner ursprünglichen Abneigung gegen die Todesstrafe bekehrt wurde. Ihn beeindruckte die Aktivität von Simon Wiesenthal. Dieser hat nach dem Krieg in Wien ein Büro eröffnet und sich die Verfolgung von Nazi-Verbrechern zur Lebensaufgabe gemacht. Er verfolgt kein anderes Ziel, als die Schuldigen vor Gericht zu bringen. Er kann damit sinnvollerweise weder das Ziel der Abschreckung noch das der Reform verfolgen. Gleichwohl ist seine Ausdauer und Obsession, wie Berns meint, moralisch respektabel. Nach Berns gibt es für dieses Verhalten nur eine Rechtfertigung: Den Verbrechern heimzuzahlen [*to pay them back*].[103] Darin schwingt jedoch ein Unterton von „Rache" mit, die als Kandidat für eine moralische Rechtfertigung kaum in Frage kommt. Vergeltungstheoretiker stehen selten offen zum Motiv der Rache. Schon eher sind es akute Kritiker wie z. B. Ted Honderich, welche den Retributivismus gleichsam entmythologisieren und auf sog. „grievance-desires" reduzieren.[104] Honderich gibt immerhin zu, daß die Erfüllung solcher Wünsche eine gewisse Berechtigung

---

[103] Berns, 1979, 8. Vgl. Mackie 1982 in: Feinberg u. Gross 1986, 623. Nach Mackie ist der Grundgedanke des Retributivismus nicht der des Schuldners, der eine Schuld zurückzahlt, sondern der des Opfers, das es dem Täter heimzahlt.

[104] Honderich 1969 und 1989 a; 1984; 1985.

hat, daß sie zur Legitimation staatlichen Strafens jedoch nicht ausreichen.

Die Metapher der Rückzahlung kann jedoch auch so ausgelegt werden, daß der Verbrecher mit seinem Verbrechen einen Schuldvertrag eingeht, der mit der Strafe eingelöst wird. Oder das Verbrechen kann als ein Arbeitsaufwand betrachtet werden, für den der schlimme Lohn der Strafe angemessen ist. Was die Metapher nun an Konnotationen der Rache und Vergeltung verliert, gewinnt sie dafür an kaufmännischer Nüchternheit. Diese Metaphorik ist nicht nur in der retributiven, sondern auch in der utilitaristischen Theorie anzutreffen. Sie legt eine ökonomische Theorie der Strafgerechtigkeit nahe.[105] Wie wir bereits sahen, zieht Mabbott den Vergleich mit einem Kreditsystem heran, um zu verdeutlichen, daß die Pflicht der Rückzahlung ohne Rücksicht darauf besteht, wie sie sich auf das Glück der Vertragspartner auswirkt. Daß es jedoch ein zuverlässiges Kreditsystem gibt, fördert die Sicherheit und Kalkulierbarkeit von Geschäftsbeziehungen.

Gegen diese Metapher ließe sich einwenden, daß sie nicht erhelle, was eine gerechte Strafe sei. Vielmehr schaffe sie die Illusion, daß der Gerechtigkeit gleichermaßen gedient sei, wenn Verbrechen bestraft und wenn gar keine Verbrechen begangen würden. Sie „normalisiere" das Verbrechen zu einer Transaktion unter anderen. Der Vergleich verwische m. a. W. den Unterschied zwischen einer Gesellschaft, in der Verbrechen begangen und alle Verbrechen bestraft werden, und einer Gesellschaft, die insofern

---

[105] Vgl. Posner 1981; ders. 1985. Zur Einführung vgl. Polinski 1983, zur Kritik s. Murphy und Coleman 1984, Kap. 5. Die Analogie zwischen der Praxis des Strafens und einem Preissystem wurde von Rawls 1955 (in Höffe 1975, 103) im Rahmen der Untersuchung einer regelutilitaristischen Straftheorie benutzt.

gerechter ist, daß in ihr weniger oder gar keine Verbrechen begangen werden.

Zwar läßt dieser Vergleich – in Analogie zum Schuldenerlaß – die Möglichkeit der Vergebung zu. Das ist ein Vorteil gegenüber dem Gleichgewichtsmodell, in dem Akte der Vergebung eher stören. Doch die Metapher von der Rückzahlung wirft dafür andere Fragen auf: Wem wird die Rückzahlung geschuldet? Das Opfer hat allenfalls ein Recht auf Wiedergutmachung, doch Strafe ist nicht einfach Kompensation. Das wird dann evident, wenn das Opfer dem Täter verzeiht, denn daraus folgt nicht die Ungültigkeit des richterlichen Schuldspruchs. Wird die Strafe etwa der Gesellschaft geschuldet? Mabbott hat eindringlich vor der Personalisierung der Gesellschaft gewarnt. Schließlich wäre es auch unverständlich, inwiefern die Gesellschaft von den Leiden des Täters profitiert, es sei denn in der Form von Abschreckung oder „Besserung".

Spätestens an diesem Punkt wird auch die Schwierigkeit des Retributivismus offenkundig, die sich daraus ergibt, daß Strafe um ihrer selbst willen, nicht um eines externen Zweckes willen verhängt werden soll. Diese Schwierigkeit bleibt solange unüberwindbar, als der Retributivismus den retrospektiven Charakter von Strafen überbetont und die prospektive Aussicht auf „Reue" oder „Besserung" ausklammert. Denn „die Schädigung eines anderen als Zweck an sich zu suchen ist der paradigmatische Fall einer ungerechten Handlung. Vergeltung dieser Art würde weder irgendein Gleichgewicht herstellen noch irgend eine Rechnung begleichen. Sie würde die Summe der Ungerechtigkeit in der Welt vergrößern, statt sie zu verkleinern ... Zwei unmoralische Handlungen [wrongs] ergeben keine moralische. Wir dürfen nicht Übel mit Übel vergelten."[106]

Kenny wiederholt in seiner knappen Skizze alte Argumente, die sich bereits bei Bentham und später bei Ewing finden. Zu diesen Argumenten gehört der Einwand, der Retributivismus sei ausschließlich vergangenheitsbezogen und erhebe die Strafe zum Selbstzweck. Der Retributivismus läßt sich jedoch gegen diese Angriffe erfolgreich verteidigen. Nicht die Strafe, sondern die Person wird als Eigenwert oder Selbstzweck verstanden. Personen dürfen nie nur als Mittel behandelt werden. Die Selbstzweckformel, wie die einschlägige Formulierung bei Kant auch genannt wird, verlangt nämlich, daß die Autonomie des Bestraften respektiert wird, und man könnte dafür argumentieren, daß sie so lange respektiert wird, als die Absicht der Strafe „Buße" bzw. „Besserung" ist, welche mit Zwang, aber ohne Manipulation herbeigeführt werden soll. Damit wäre auch der Vorwurf der einseitigen Vergangenheitsorientierung entkräftet, denn die zu erwartende Reue liegt in der Zukunft.[107] So verstanden wären staatliche Strafen idealiter nicht-manipulative bzw. transparente Aufforderungen zur Reue. Dem Bestraften wird zugemutet, daß er die Gründe der Strafe verstehen und die Wertvorstellungen, welche die Strafe schützt, teilen kann. Der Vollzug der Strafe würde dann einer „freiwilligen Buße" nahekommen. Strafe wäre mithin weder Selbstzweck noch Mittel zu irgendeinem äußerlichen Zweck – darin liegt die entschiedene Abgrenzung zum Konsequentialismus der Abschreckungstheorie –, sondern Bestandteil ei-

---

[106] Kenny 1978, 73.

[107] Die „Besserung durch Buße und Reue" unterscheidet sich von „Reform", welche, wie die Abschreckung, bloß die Kontrolle des äußeren Verhaltens bzw. die Resozialisierung in eine in mancher Hinsicht ungerechte Gesellschaft betrifft. Strafe als soziale Kontrolle wird als Mittel zu einem Ziel oder Zweck verstanden, während „Besserung" ein Element oder Bestandteil des Sinnes von Strafe als Buße ist.

ner moralischen Reform innerhalb der Grenzen des Respekts vor der Autonomie des zu Bestrafenden. Solche Thesen werden im Rahmen des sog. „Neuen Retributivismus“ vertreten.[108] Sie setzen sich über Nietzsches Bedenken gegen die Besserung durch Kriminalstrafe und seine radikalen Zweifel an Schuldfähigkeit und „freiem Willen“ hinweg.

Für die Vertreter des „neuen Retributivismus“ ist die Kriminalstrafe primär eine expressive und kommunikative *Aktivität* – und nicht primär eine Institution.[109] Strafe wird analog zum moralischen Tadel verstanden. Die zusätzliche Leidenszufügung oder der Zwangscharakter der Strafe symbolisiert den Ernst und Nachdruck der Mißbilligung, aber immer in Grenzen, die mit der Anerkennung des Täters als eines rationalen und autonomen Wesens mit eigenen Wertvorstellungen vereinbar sind. Bedeutung und Rechtfertigung der Strafe sind sowohl retrospektiv – sie richten sich gegen eine rechtswidrige Handlung, die in der Vergangenheit stattgefunden hat -, als auch prospektiv – sie setzen auf die Reue oder aktive Teilnahme des Delinquenten an der ihm auferlegten Buße. „Erziehung“ und „Reform“ werden, wie bereits gesagt wurde, nicht als Verhaltenskontrolle und nicht als Straf*zwecke*, sondern als

---

[108] Vgl. die Beiträge zum Symposium 1978 sowie den (sehr kritischen) Überblick von Honderich 1985 und Walker 1991, Teil III. Ausführliche Monographien zum Thema „Verdienst“ sind erst in jüngster Zeit erschienen, darunter Sadurski 1985; Sher 1987. Wenig Beachtung fand die interessante Studie von Kleinig 1973. Kleinig weist darauf hin, daß der Begriff des Verdienstes im Zentrum von Mills utilitaristischer Straftheorie steht. Überdies hat Kleinig eine Theorie der retributiven Strafzumessung skizziert, welche einen Kompromiß zwischen reinem Ordinalismus (der nur Vergleichswerte anstrebt) und Kardinalismus (der nach einem fixen verdienten Strafmaß sucht) schließt.

[109] Vgl. Kleinig 1973, 18. Er sieht in der seit Hart und Rawls geläufigen Rede von Strafe als „Praxis“ bereits eine gewisse petitio principii zugunsten einer utilitaristischen Legitimitation.

Gesinnungswandel und Bestandteile einer im Kern retributivistisch begründeten Strafe verstanden.[110]
Der neue Retributivismus widersetzt sich ebenfalls dem Rückfall in den klassischen Retributivismus. Die der Strafe inhärierende moralische Mißbilligung gilt der Verletzung einer generellen Rechtspflicht. Auch R. A. Duff, der die retributive Straftheorie in jüngster Zeit verfeinert und erweitert hat, argumentiert via allgemeine Rechtspflicht.[111]
Der Gedanke der Rückzahlung einer Schuld ist keineswegs an eine retributivistische Straftheorie gebunden. Auch im Rahmen einer utilitaristischen Theorie spielt sie eine Rolle, und die ökonomischen Untertöne des Utilitarismus führen erst recht zur „Entmoralisierung“ des Strafrechts. Auch im Utilitarismus nimmt die Metaphorik der Rückzahlung der Strafe ihr Odium und macht sie zu einer neutralen Transaktion. Der Utilitarismus beschränkt sich im Wesentlichen auf eine Theorie der Straf*androhung*. Die Drohung schafft negative Anreize. Der Strafvollzug ist dagegen sekundär und dient nur der Sicherheit (Strafe als Quarantäne für potentielle Wiederholungstäter) und der Glaubwürdigkeit der Strafandrohung. Wären gebluffte Strafandrohungen ebenso wirksam wie ernstgemeinte, dann wären erstere vorzuziehen. Eine moralische Rechtfertigung des Strafvollzuges und im Speziellen der Bewährung als einer Zeit der eigentlichen „Buße und Reue“ sucht man im klassischen Utilitarismus vergeblich. Im Vordergrund stehen die Abschreckung und die Erziehung zur Arbeit. Doch die ursprünglich einseitige Auffassung von Spezialprävention und Reform als Erziehung zur Arbeit, wie sie noch Bentham vorschwebte, ließe sich auch

[110] Vgl. Hampton 1984.
[111] Duff 1986; Bickenbach 1988 sowie Duffs anschließende Erwiderung.

im Rahmen des Utilitarismus in mancher Hinsicht einem gewandelten Wertbewußtsein und einem revidierten Menschenbild anpassen. In diese Richtung weist bereits die Kritik von John Stuart Mill an seinem Vorgänger Jeremy Bentham.[112]

Was gegen die Ökonomisierung der Strafe spricht, ist ihr ureigener moralischer Symbolismus, d. h. die viel strapazierte „retributive Natur" der Strafe. Moralisch signifikante Buße setzt Reue voraus. Darin unterscheidet sie sich – jedenfalls aus der Perspektive der Gesellschaft, welche Strafe mit Odium verbindet – von einer bloßen Rückzahlung. Strafen sind keine gewöhnlichen Tauschgeschäfte und keine bloßen Instrumente der Sicherheit. Sie unterscheiden sich markant von Steuern und anderen belastenden Verpflichtungen wie z. B. der allgemeinen Wehrpflicht. Strafen stigmatisieren den Täter zum Gesetzesbrecher. Um nur ein Beispiel zu nennen: In der Schweiz ist Dienstverweigerung strafbar. Dienstverweigerung, aber nicht Militärdienst stigmatisiert, obwohl sich Militärdienst – abgesehen von dieser spezifischen Strafwirkung – wenig von Freiheitsstrafe unterscheidet. Die denunziatorische Funktion der Strafe weist über andere auferlegte Bürden und Bußen hinaus und erzeugt eine eigene Dimension der Rechtfertigung. Ob sich das Ideal von autonomiebewahrenden Strafen jemals institutionell realisieren läßt, bleibt jedoch – unabhängig von der Kontroverse zwischen Utilitarismus und Retributivismus – mehr als fraglich.

Utilitaristen, welche den Nutzen des stigmatisierenden Effekts bezweifeln und ihn lieber reduzieren als verstärken möchten, könnten diese geschäftsmäßige Berachtungsweise nur begrüßen. Die Gleichsetzung von Utilita-

---

[112] Vgl. dazu Wolf 1992 d und 1992 e.

rismus und Ökonomie ist jedoch unzulässig. Utilitaristen wie z. B. John Stuart Mill oder T. L. S. Sprigge sind nämlich der Auffassung, daß Strafe als sanktionierte Mißbilligung (und nicht als moralisch neutrale Sozialtechnolgie) optimal präventiv funktioniert. Sie müßten sich der Ökonomisierung der Strafe ebenso widersetzen wie ihre retributivistischen Kontrahenten.

Wie dem auch sei: Das Bild der Rückzahlung ist zweideutig: Als Heimzahlung verstanden nähert es sich dem Affekt der Rache; in der Bedeutung von Rückzahlung einer Schuld entfernt es sich dagegen vom Kerngedanken der moralischen Schuld bzw. der moralisch expressiven Funktion der Strafe. Beide Deutungen sind zur Stützung des Retributivismus unbrauchbar.

Exkurs: Das Verantwortungsprinzip und seine qualifizierten Ausnahmen[113]

In diesem Exkurs wollen wir den Faden nochmals aufgreifen, den wir am Ende des dritten Kapitels fallen ließen. Der klassische Streit zwischen Utilitaristen und Retributivisten in der Straftheorie dreht sich u. a. um die Frage, wer das Prinzip der Verantwortung angemessen zu begründen vermag. Sowohl die Auffassung von der Hegemonie des Prinzips des Verdienstes als auch seiner Unableitbarkeit aus anderen Strafzwecken macht den Retributivismus zu einer markanten Bastion der Utilitarismuskritik.

Der Standard-Einwand lautet, der Utilitarismus heilige alle Mittel, also auch die Verletzung des Verantwortungsprinzips, um das eine Ziel der Verhütung oder Verhinderung von Straftaten zu erreichen. Wie im folgenden gezeigt wird, ist dieser Vorwurf nicht berechtigt. Eine rein folgenorientierte Straftheorie führt nicht nur nicht zur permanenten Verletzung des Verantwortungsprinzips, sondern erweist sich vielmehr als geeignete Grundlage zur Verteidigung des Verantwortungsprinzips und seiner moralisch qualifizierten Ausnahmen.

Beginnen wir mit einer Formulierung des Verantwortungsprinzips.

Sie lautet folgendermaßen:

VP: Verantwortlich ist eine Person nur für das, was sie absichtlich tut bzw. wissentlich zuläßt, obwohl sie mindestens eine Entscheidungsalternative vor Augen hat.

---

[113] Vgl. Wolf 1992 b.

Absichtlich oder wissentlich ist eine Handlung oder Unterlassung dann, wenn eine Person die Handlungsbeschreibung „x statt y ...“ kennt und sich für „x“ entscheidet. Sie muß sich also mindestens einer Alternative bewußt sein. Ob sie tatsächlich in der Lage wäre, anders zu entscheiden, ist nicht ausgemacht. Um eine Handlung als absichtlich zu charakterisieren genügt es, daß der Akteur *meint*, er hätte mindestens eine Alternative, mag diese auch noch so abstoßend oder schrecklich sein. Gründe für dieses Prinzip sind

a) daß es *wirkungslos* ist, Akteure für unbeabsichtigte Handlungen verantwortlich zu machen;
b) daß es *unfair* gegenüber einer Person ist, sie für das zu tadeln oder zu bestrafen, was sie nicht vermeiden bzw. verhindern konnte.

Die Begründung a) ist folgenorientiert. a) ist empirisch wahr oder falsch. b) dagegen ist ein Prinzip, dessen Anerkennung den Geruch einer Erkenntnis a priori hat. Die zweite Begründung beruht auf einem a priori wahren Fairneß-Prinzip.
Betrachten wir zuerst diese zweite Begründung, weil sie unmittelbar einleuchtend und daher der folgenorientierten Begründung überlegen erscheint. Die Unfairneß, die darin besteht, jemand für unbeabsichtigte Folgen verantwortlich zu machen, ist vergleichbar mit der Verhöhnung und Demütigung von Unwissenden oder solchen, die sich ohnmächtig fühlen. Doch gibt es eine apriorische Erkenntnis der Wahrheit des Fairneß-Prinzips? Handelt es sich nicht vielmehr um ein historisch wandelbares Gerechtigkeitsgefühl? Ist es z. B. unfair, die Armen zu verachten und die Reichen zu bewundern? Ist das römische Sprichwort „beati possidentes“ Ausdruck einer „unfai-

ren" Bewunderung? Vielleicht entspringt es nur dem Ressentiment oder den Vorurteilen einer christlichen Erziehung, daß sich Leute mit den Armen und Schwachen identifizieren. Der Einwand gegen die vermeintliche Apriorität des Fairneßprinzips läßt sich noch verschärfen. Sind unsere geläufigen Einstellungen zum „Zufall" und den Glücksumständen nicht unbeständig? Braucht es nicht eine Portion Glück (Gunst der Götter oder günstiges Schicksal), um tugendhaft zu sein und zu bleiben? Und gibt es nicht Unglückliche, die gleichsam „moralisches Pech" haben?[114] König Ödipus hat z. B. das Glück gefehlt, es waren schicksalshafte Umstände und vielleicht sein zwiespältiger Charakter,[115] die ihn zum Mörder seines Vaters und zum Gatten seiner Mutter machten.

Nach der geistreichen Deutung von John Kekes war es hauptsächlich der innere Konflikt zwischen Individualität und Konvention, der die tiefere Schuld von Ödipus konstituierte. Er hatte den Charakter jener Leute, denen es nicht gelingt, die Ansprüche ihres individuellen Charakters mit jenen von Tradition und Konvention in ein harmonisches Verhältnis zu bringen. Nach Kekes gibt es daher so etwas wie *Schuld ohne Verantwortung*, die nicht einfach identisch ist mit archaischer Kausal- oder Kollektivhaftung, sondern einen inneren Konflikt im tragischen Helden manifestiert. Tatsächlich gehen die großen Gestalten der griechischen Tragödie an einem inneren Konflikt zwischen ihrem individuellen Charakter und traditionel-

---

[114] Vgl. dazu Feinberg 1970, 34 f.; Williams 1976; Nagel 1976; Duff 1990, 194-198 erörtert das Dilemma zwischen chance and choice anhand krimineller Versuche.

[115] Vgl. Kekes 1989, Kap. 1 (25). Kekes experimentiert mit einer Auffassung von Moral, für die der Gedanke der Wahl bzw. der Entscheidung – im Unterschied zu Kant und den Existenzialisten – nahezu bedeutungslos ist.

len Loyalitäten zugrunde. In Ödipus gibt es u. a. drei widerstreitende Faktoren: den Willen, dem Orakelspruch zu entrinnen und freiwillig auf seinen königlichen Status zu verzichten, die Arroganz gegenüber dem Unbekannten, dem er nicht ausweichen will, obwohl er sich ihm gegenüber demütig wie ein Bettler benehmen sollte, und schließlich seinen starren Entschluß, den Mord an Laios aufzudecken – Faktoren, die ihn zuerst zum Bruch mit der Konvention und danach zur Aufdeckung seines eigenen Verbrechens treiben. Kekes spricht von den „modernen Sensibilitäten", die es erschweren, die Schuld des Ödipus zu erkennen. „Der den modernen Sensibilitäten zugrundeliegende Gedanke besteht darin, daß Gut und Übel untrennbar von unserem Intellekt und Wille seien, weil in letzter Analyse wir entscheiden würden, was als gut oder übel gelte ... Eine Quelle dieser Zweifel bezüglich der Objektivität der Moralität ist der Glaube an eine scharfe Unterscheidung zwischen Natur und Konvention."[116] „... manche Charaktere sind moralisch schlecht, selbst wenn sie die Akteure nicht wählten."[117]

Der intuitive Appell an Fairneß ist aus dieser Perspektive betrachtet keine solide Grundlage, weil er eine problematische (Überbe-)Wertung der Bedeutung von Wahl und Entscheidung für das moralische Leben voraussetzt; im Extremfall kann er zur Untergrabung jeder Zurechnung führen, weil wir ja alle partiell das Resultat einer „genetischen Lotterie" und eines „Milieus" sind, das primär nicht unter unserer Kontrolle steht, d. h. weil die Grenzen von Wahl und Entscheidung im Blick auf die „menschliche Natur" und die „moralische Tradition" nahezu unverrückbar sind und wir uns permanenent in Situationen „gewor-

[116] Ebd. 26.
[117] Ebd. 25.

fen“ vorfinden, die wir selber nicht gewählt haben – inklusive Charakter und Horizont von Handlungsalternativen. Aus historischer Sicht ist es keineswegs so selbststverständlich, wie wir zunächst glauben mögen, daß es nur eine einzige Nische für die Moral gibt, nämlich die uns jeweils bekannten Handlungsspielräume, und daß wir z. B. für Gesicht, Körperhaltung, Verdauung, Temperament, Krankheiten und Träume nicht verantwortlich seien.

Es ist an dieser Stelle nicht notwendig, dafür zu argumentieren, daß die Restauration einer Vorstellung von Schuld jenseits vom Verantwortungsprinzip, wie sie John Kekes vorschlägt, sinnvoll und haltbar sei. Wie Kekes selber betont, gibt es Gefühle in uns, welche gegen archaische Schuldvorstellungen rebellieren. Seine Ausführungen schärfen jedoch das Bewußtsein dafür, daß der Appell an Unfairneß nicht „selbstevident“ oder „selbstrechtfertigend“ ist, sondern auf zusätzlichen, nicht unbestreitbaren Annahmen beruht. Zu diesen Annahmen gehört die starke Präferenz für individuelle Freiheit und unabhängige Wahl sowie die enge Verknüpfung von Wahlfreiheit und Sittlichkeit. Deshalb enthält der Appell an das Fairneßprinzip eine petitio principii. Es setzt grundlegende Wertungen bereits voraus.

Interessant ist der Vorschlag, die Begriffe von Verantwortung, Willensfreiheit und Schuld zu sondieren und das Verantwortungsprinzip (= VP) vom Schuldbegriff zu entkoppeln. Deshalb haben wir, einem Vorschlag von John L. Mackie[118] folgend, das VP ohne den umstrittenen Ausdruck „frei“ oder „freiwillig“ formuliert.

VP: Verantwortlich ist eine Person nur für das, was sie *absichtlich* tut bzw. *wissentlich* zuläßt, obwohl sie mindestens eine Entscheidungsalternative vor Augen hat.

---

[118] Mackie 1977, Kap. 10.

Konstitutiv für das VP ist also das *Bewußtsein einer Handlungsbeschreibung*, welche die Struktur „x statt y ..." hat. Eine Person ist dann verantwortlich für x, wenn es ihr bewußt ist, daß sie x statt y ... tut bzw. unterläßt. Die Punkte nach y lassen es offen, daß eine Person auch mehrere Alternativen kennen kann. Es ist zudem nicht erforderlich, daß sie zum Zeitpunkt ihrer Handlung an die Alternativen aktiv denkt und sich diese vorstellt oder gar detailliert ausmalt. Vielmehr genügt es, daß sie x gewohnheitsmäßig tut, *ohne ernsthaft zu zweifeln, daß sie anders handeln könnte.* VP sagt nichts über Schuld oder Unschuld – die Rede von „Verschuldensprinzip" im Recht ist irreführend, weil „Verschulden" moralische oder gar theologische Konnotationen hat und – aufgrund der Dominanz von Kants Rechtstheorie – die Voraussetzung einer kontrakausalen Freiheit nahelegt.

Das „Schuldprinzip" ist nicht etwa deshalb untauglich, weil es eine Bezugnahme auf das Bewußtsein des Akteurs, die sog. „mens rea", erforderlich macht. Die von Barbara Wooton geäußerten Bedenken,[119] wir könnten uns ja nicht buchstäblich in andere versetzen und deshalb sei die Zurechnung von Schuld unpraktikabel, sind leicht zu zerstreuen. Ohne die Fähigkeit, sich in andere zu versetzen, gäbe es keine Ausbeuter, geschweige denn Leute, welche die Interessen anderer respektierten. Nicht die Bezugnahme auf Bewußtsein und Absicht ist problematisch, sondern der schillernde Schuldbegriff mit seinen Assoziationen an „Sünde" und „kontrakausale Freiheit". Allerdings bezieht sich auch das Verantwortungsprinzip nicht nur und nicht notwendig auf subjektive Zustände, sondern auch auf die objektiv zumutbaren Absichten und Informationen einer Person. Jedenfalls ist eine solche Ausdeh-

[119] Vgl. Wooton 1981, 47 f.

nung von VP denkbar, der gemäß es ein Kontinuum zwischen einer wissentlichen und einer fahrlässigen Handlung gibt. Fahrlässigkeit setzt die Mißachtung von Informationen oder Sorgfaltspflichten voraus, deren Kenntnis oder Beachtung einer Person zuzumuten sind. Auf die Verantwortung für fahrlässige Handlungen als eine qualifizierte Ausnahme oder eine Modifikation von VP werden wir zurückkommen.

VP bezieht sich nicht auf die Imputation von „Schuld“, sondern es fordert die Restriktion von Verantwortung auf beabsichtigte Handlungen, von denen die handelnde Person glaubt oder nach bestem Ermessen der Urteilenden zu glauben schien oder in der Lage war, zu glauben, sie hätte sie auch unterlassen können. Es bildet ein Bollwerk gegen die sog. Viktimisierung,[120] d. h. die Opferung von Personen zur Befriedigung des Grolls von Klägern ohne Rücksicht darauf, ob jemand absichtlich handelte. Das Verbot der Viktimisierung schließt nicht nur die „Bestrafung“ gesetzeskonformen Verhaltens aus, sondern auch den Verzicht auf einen Prozeß, unverhältnismäßige Strafen (welche gegen die Gleichbehandlung gleicher Fälle und die Differenzierung verschiedener Fälle verstoßen), das Ignorieren von Entschuldigungen (z. B. Tötung aus Notwehr) und strafmildernden Gründen (Fahrlässigkeit statt Vorsatz, Affekt, Trunkenheit oder Geisteskrankheit) und die Anwendung von Erfolgshaftung, stellvertretender Haftung sowie exemplarischer Strafen.

Der Vorteil von Mackies Vorschlag besteht darin, daß er das Verantwortungsprinzip vom metaphysischen Begriff der Schuld emanzipiert und damit von der Diskussion des Determinismus zumindest provisorisch entkoppelt. Die Unterscheidung von absichtlichen und unabsichtlichen

---

[120] Vgl. Honderich 1989 a, 62 f. und passim.

Handlungen läßt sich allein unter Bezugnahme der einem Akteur bekannten (oder – in erweiterter Fassung – als bekannt zumutbaren) Handlungsbeschreibungen einführen. Ob absichtliche Handlungen auch frei in einem kontrakausalen Sinne sind, spielt zunächst keine Rolle. Damit soll nicht behauptet werden, die Gründe für oder gegen den Determinismus bzw. die Vorstellungen über Vereinbarkeit oder Unvereinbarkeit von Verantwortung und Determinismus seien uninteressant oder völlig unwichtig. Für eine spezifische Konzeption von Ethik, wie sie z. B. Kant vertritt, spielt der Nachweis oder zumindest das Postulat von kontrakausalen Handlungsgründen sogar eine eminente Rolle. Die Frage, ob und wie radikal wir unsere alltäglichen und rechtlichen Praktiken der Zurechnung, der Dankbarkeit und des Übelnehmens revidieren müßten, wenn der neurophysiologische Determinismus empirisch verankert wäre, mag hier offen bleiben. Allerdings ist Kants Unterstellung, moralische Urteile seien kategorisch, d. h. von allen empirischen Wünschen oder Neigungen prinzipiell unabhängig, höchst problematisch. Mackie, der alle Konzeptionen von Moral als System objektiver Präskriptionen kritisiert, hält auch Kants Konzeption eines objektiven moralischen Gesetzes, das uns unabhängig von unseren empirischen Motiven und Charaktereigenschaften zum Handeln bewegen kann und soll, nicht nur für falsch, sondern er macht auch deutlich, daß die Erforderlichkeit einer kontrakausalen Freiheit für die Möglichkeit moralischer Verantwortung mit dieser sehr spezifischen Auffassung von moralischen Urteilen als objektiven Präskriptionen steht und fällt. Überdies glaubt er, daß die Vorstellung der kontrakausalen Freiheit sich nicht vom Begriff des Zufalls unterscheidet, mit dem für die Moral nichts gewonnen sei.

Das VP scheint jedoch eine signifikante Schwäche zu ha-

ben. Absichtlich sind nämlich auch Handlungen, die jemand unter Zwang tut, solange kein brutaler physischer Zwang besteht. Handlungen unter Zwang sind somit keine qualifizierten Ausnahmen vom VP. Wer z. B. auf eine Erpressung eingeht und etwas tut, um sein oder ein anderes Leben vor den Erpressern zu retten, handelt durchaus absichtlich. Es wäre nach dem VP nicht zulässig, die Verantwortung für Handlungen unter dem Zwang von Erpressern zu leugnen. Was von den Opfern von Erpressung gilt, gilt mutatis mutandis auch für Handlungen in äußerster Not. In Anlehnung an Aristoteles[121] können wir folgendes Beispiel konstruieren: Ein Kapitän entscheidet sich dazu, die gesamte Ladung eines Schiffes von Bord werfen zu lassen, um die Besatzung vor einem Sturm zu retten. Er kennt die Alternative, entweder den Ballast abzuwerfen und die Leute zu retten oder untätig zu bleiben und die Passagiere ihrem Schicksal zu überlassen. Also handelt er absichtlich, wenn er das eine tut, und er unterläßt wissentlich etwas, was er tun könnte, wenn er untätig bleibt. Zwar ist seine Absicht, die Fracht zu versenken, nur ein Mittel, und im anderen Fall ist die Folge seiner Passivität nur „vorausgewußt", und nicht direkt beabsichtigt. Nach dem VP ändert das jedoch nichts an seiner Verantwortung. Ist es, so lautet nun der Einwand, nicht „unfair" oder jedenfalls unangemessen rigoros, Opfer von Erpressungen oder anderen Drohungen und verzweifelte Akteure in Notlagen zur Verantwortung zu ziehen?
Diese vermeintliche Schwäche des VP's erweist sich jedoch gerade als seine Stärke, sobald man sieht, daß die Absicht des Akteurs verschiedene Grade der Zustimmung zuläßt. Vorsatz unterscheidet sich von bloßem Voraussehen in diesem höherem Grad der Zustimmung. Vorsatz ist

---

[121] Aristoteles, Nic. Eth., 1110 a 10-19.

mehr als bloßes Voraussehen, nämlich Voraussehen und Wunsch, daß das Voraussehbare eintritt. Wer unter Druck oder Zwang handelt, handelt sozusagen zähneknirschend oder in Furcht, aber nicht aus einem eigenen Wunsch. Unter solchen Umständen wird *weniger absichtlich* gehandelt. Wer das Verantwortungsprinzip zu streng findet, sollte sich auch vor Augen halten, daß es keine hinreichende Voraussetzung für die Anwendung von Sanktionen[122] formuliert. Um Sanktionen zweckmäßig anzuwenden, müssen zusätzliche Erwägungen angestellt werden. Da das Verantwortungsprinzip kein hinreichendes Sanktionsprinzip ist, bleibt es denkbar, für den verzweifelten Kapitän mildernde Umstände geltend zu machen oder von einer moralischen oder gesetzlichen Verurteilung der Opfer einer Erpressung vollständig abzusehen, obwohl der Kapitän für den Verlust der Fracht teilweise verantwortlich ist.

VP ist nicht nur kein hinreichendes Sanktionsprinzip, es ist auch keine notwendige Voraussetzung für die Anwendung von Sanktionen. Das bezeugen einige der sog. qualifizierten Ausnahmen. Die qualifizierten Ausnahmen vom VP betreffen:

1) Fahrlässigkeit, 2) die Verursachung kollektiver Schäden, 3) die Nichtbestrafung absichtlicher Handlungen von Inkompetenten, 4) Handlungen unter akuter geistiger oder emotionaler Verwirrung.

1) Fahrlässigkeit unterscheidet sich von Absicht durch einen geringeren Grad von Voraussicht, sie ist jedoch nicht gleichbedeutend mit völliger Unwissenheit. Sie kann

---

[122] Der Sanktionsbegriff wird hier deshalb eingeführt, weil er neutral ist in Bezug auf die Unterscheidung zwischen Strafen, sichernden Maßnahmen, zivil- oder verwaltungsrechtlichen Anordnungen.

mit einer Ahnung oder einem verdrängten Wissen einhergehen, daß Handlungen gefährlich sind oder Sicherheitsvorkehrungen nicht getroffen wurden. In Artikel 7, Absatz 3 des „Schweizerischen Strafgesetzbuches" finden wir folgende Erläuterung:

„*Pflichtwidrige Unvorsichtigkeit*: Die Vorsicht, welche der Täter nicht beachtet hat, muß objektiv geboten und subjektiv zumutbar sein: es kann ihm als strafrechtliche Fahrlässigkeit nur das angerechnet werden, was unter den Tatumständen von ihm bei Anwendung der gebotenen Vorsicht und bei Berücksichtigung seiner Kenntnisse und Erfahrungen erwartet werden durfte …"

Daher ist nicht allein und nicht notwendig der subjektive Bewußtseinszustand des Akteurs maßgebend. Wie wir bereits andeuteten, läßt sich diese scheinbare Ausnahme durch eine leichte Modifikation von VP erfassen.

VP_1: Verantwortlich ist eine Person nur für das, was sie absichtlich tut bzw. wissentlich zuläßt, obwohl sie nicht ernsthaft daran zweifelt, daß ihr mindestens eine Alternative offen steht, oder obwohl es allgemein zumutbar ist, daß sie mindestens eine Alternative kennt.

Die Bezugnahme auf die aktuelle, individuelle Absicht des Täters ist somit nicht notwendig ausschlaggebend. Modifiziert man VP zu VP_1, so stellt die Zurechnung von Fahrlässigkeit keine radikale Abweichung vom Verantwortungsprinzip dar. Beruht Fahrlässigkeit tatsächlich auf mangelnder Information, so haben wir es mit einer Situation zu tun, in der es zumutbar war, sich angemessen zu informieren oder etwas vorauszusehen.[123] Diese Zumu-

---

[123] Vgl. etwa den Fall D. P. P. v. Smith von 1961, in dem ein flüchtiger Mann den ihn verfolgenden Polizisten „nur aufhalten will" und ihn mit dem Auto streift. Obwohl er vielleicht nicht den Tod des Polizisten beabsichtigte oder vorherbedachte, mußte er doch das Risiko kennen.

tung richtet sich an den Durchschnittsmenschen. Doch das Strafrecht versucht objektive Standards der Zumutbarkeit und subjektive Bedingungen des Täters zueinander in Beziehung zu bringen. Das wird etwa bei der Bezugnahme auf Entschuldigungsgründe zur Unterscheidung von Mord und Totschlag in der Erläuterung zum Artikel 113 des „Schweizerischen Strafgesetzbuches“ ausdrücklich festgelegt. Dort heißt es nämlich:

„Für die Beurteilung der Entschuldbarkeit ist vom Durchschnittsmenschen der Rechtsgemeinschaft auszugehen, welcher der Täter nach Herkunft, Erziehung und täglicher Lebensführung angehört.“

Die „Freiheit“ einer Person beruht also nicht nur auf den Optionen, die sie tatsächlich kennt, sondern auf den Optionen, die zu kennen einer Person ihrer Herkunft, Erziehung und täglichen Lebensführung entsprechend *allgemein zumutbar* ist. Diese Standards von Zumutbarkeit und die Zuschreibung von Sorgfaltpflichten sind bekannt und anerkannt. Sie sind insofern generell oder „objektiv“, als sie an typische Rollen, Ämter und Beziehungen (z. B. Eltern und Kind) gebunden sind. Sie bringen eine gesellschaftliche Arbeitsteilung der Verantwortung und die fundamentale Bedeutung stabiler Erwartungen für das menschliche Zusammenleben zum Ausdruck.
Etwas schwieriger zu beurteilen ist die Zurechnung der *Folgen* von Fahrlässigkeit, weil hier der *Zufall* eine aus-

Zur Diskussion des englischen Rechtsfalles sowie die Unterscheidung von „beabsichtigen“ und „voraussehen“ vgl. Kenny 1970 und Oberdiek 1972. Schuldzuschreibungen auf der Basis von Annahmen über den Durchschnittmenschen sind für die Legitimation einer individuellen Schuldzuweisung ungeeignet. Vgl. Streng 1989, 274, 279. Daß sie auch für folgenorientierte Zuschreibung von Verantwortung zu einseitig sind, geht aus dem Folgenden hervor.

schlaggebende Rolle spielen kann – ob z. B. bei Trunkenheit am Steuer eine weitere Person die Fahrbahn überquert oder nicht. Damit kehren wir zum Problem zurück, daß es moralische Situationen gibt, in denen unsere Wahl oder Entscheidung relativ unwichtig ist. Die „moderne Sensibilität" sträubt sich zwar dagegen und meint, es sei z. B. unfair, folgenlose Fahrlässigkeit straffrei ausgehen zu lassen und Fahrlässigkeit mit Schadensfolgen schwer zu bestrafen. Müßte man die beiden Fälle nicht aus Fairneßgründen gleich behandeln, d. h. entweder bloße Fahrlässigkeit ohne Rücksicht auf die tatsächlichen Folgen ahnden oder für Fahrlässigkeit mit Schadensfolgen mildernde Umstände geltend machen? Ähnliche Fragen stellen sich auch bezüglich der Praxis, erfolglose Versuche zu kriminiellen Handlungen milder zu bestrafen als ihre erfolgreiche Ausführung.

Fairneß-Überlegungen bleiben aus den bereits genannten Gründen anfechtbar. Die folgenorientierte Begründung dagegen ist ökonomisch und adäquat: Sie rechtfertigt nicht nur, daß effektive Schädigungen härter geahndet werden als bloß beabsichtigte, sondern auch daß Fahrlässigkeit ohne Schadenswirkung gebüßt oder bestraft werden kann. Fahrlässigkeit – so lautet die Begründung – schafft Gefahren und Risiken, die eingeschränkt oder verhütet werden sollten. Die Spezialprävention gilt der Verhütung einer gefährlichen Disposition.

2) Auch die Zurechnung der Verursachung kollektiver Schäden gehört zu den qualifizierten Ausnahmen. Erfolgshaftung wird als unfair empfunden – selbst wenn ihre Nützlichkeit als Ansporn zu erhöhter Vorsicht bzw. zur Verhütung sozialer Schädigung akzeptiert wird. Es gibt hier eine Kollision zwischen Rechtsempfinden und dem Kalkül der Prävention. Solche Fälle sind z. B. die Bestra-

fung des Weinhändlers, der gepanschten Wein verkauft, den er jedoch nicht selber gepanscht hat und von dem er nicht einmal bemerkt hat, daß er gepanscht ist. Er hat also nicht vorsätzlich, wissentlich, ja nicht einmal fahrlässig gehandelt. Solche Strafen bzw. Strafandrohungen, so wird nun angenommen, könnten den Händler zu erhöhter Sorgfalt anspornen und zu einem besseren Konsumentenschutz beitragen.

Vielleicht kann man diese Kategorie von Ausnahmen damit rechtfertigen, daß Rücksichten auf die „mens rea" zwar wichtig, aber nicht immer ohne kostspielige Ermittlungen (zu diesen Kosten gehört auch die Verletzung der Privatsphäre!) festzustellen und daß strikte Haftung den Konsumentenschutz verbessere. Haftung ist ja auch nicht Strafe. Sie hat keine stigmatisierende Wirkung. Auch der Unterschied zwischen dem Verkauf von gepanschtem Wein oder von verdorbenen und giftigen Waren dürfte ins Gewicht fallen. Nur im letzten Falle nähern wir uns den gemeingefährlichen Handlungen bzw. Unterlassungen und damit der Zuständigkeit des Strafrechts. Wir können uns zwar vorstellen, daß der Schutz der Konsumenten eine qualifizierte Ausnahme von der Rücksicht auf unsere im Fairneß-Prinzip inkarnierten „modernen Sensibilitäten" begründen kann. Falls die Erfassung und Bestrafung von Schädigern nicht planmäßig nach einem diskriminierenden Schema, sondern nach einem Zufallsprinzip verfährt, ist es nicht klar, ob die Verletzung des VP unfair ist oder nicht.[124] Trotzdem wird auch der Konsequentialist auf dem Unterschied zwischen Haftung und Strafe bestehen und – wenn er die Kosten für die Wahlfreiheit und

---

[124] Daß ein Zufallsverfahren vielleicht nicht unfair oder jedenfalls weniger unfair ist als z. B. Diskrimination nach Hautfarbe, gibt Honderich 1989 a, 173 zu bedenken.

Sicherheit der Bürger vor dem Gesetz bedenkt – der Aufweichung des Verantwortungsprinzips im Strafrecht widerstehen.

3) Eine weitere Abweichung vom Verantwortungsprinzip stellt die Nichtbestrafung absichtlicher Handlungen von Inkompetenten (Tieren, Kindern und Psychopathen) dar. Nicht allen Wesen, denen wir Absichten, ein Minimum von Handlungsfreiheit bzw. ein rudimentäres Bewußtsein von Alternativen zuschreiben, müssen wir zugleich moralische Kompetenz attestieren. Bei Tieren und Kindern fehlt ein (entwickeltes) moralisches Bewußtsein, gewissen Psychopathen geht die Fähigkeit zum Mitgefühl ab. Sie haben vielleicht ein abstraktes Bewußtsein dessen, was verboten oder moralisch falsch ist, doch ihr eingeschränktes Vorstellungs- oder Empathievermögen läßt relevante Handlungsalternativen gleichsam unterbelichtet. Diese Ausnahmen werden kaum als unfair empfunden. Sollte die Metapher von den unterbelichteten Alternativen zutreffen, handelt es sich hier nicht einmal um echte Ausnahmen. Man denke an folgendes Beispiel: Eine Mutter ohne Empathievermögen, die ihren Säugling ersticken läßt und unbeteiligt zusieht, wie er sich blau verfärbt, ist nicht verantwortlich für ihre Unterlassung – und zwar nicht aus Mangel an zumutbarer Information, sondern an Empathie.

Was das schädigende Verhalten von Kindern betrifft, so ist die Sachlage deshalb schwierig, weil sowohl das moralische Bewußtsein als auch sein Ingrediens, das Empathievermögen, allmählich entsteht und der Reifungsprozeß kontinuierlich verläuft. Allerdings kann man Kinder (und nicht nur Kinder) mit Drohungen und Strafen wirksam manipulieren, und deshalb besteht wohl immer eine Versuchung, Kinder zu bestrafen, wenn man sich eine wirksame Konditionierung verspricht. So wird z.B. ein Kind dafür bestraft, daß es auf die Straße hinausrennt, weil man sich von einer Bestrafung eine nachhaltigere Wirkung verspricht als von einer Ermahnung. Ist diese Strafe zwar von guten Konsequenzen begleitet, aber gleichwohl „unfair"? Oder handelt es sich um einen bloßen Akt der Konditionierung, der mit „Strafe" wenig oder gar nichts gemeinsam hat? Die Grenzen zwischen Strafe und Konditionierung in der Kindererziehung mögen fliessend sein. Der pädagogische Begriff der Strafe ist diffuser als jener der staatlichen Strafe, doch selbst in letzterem ist das Verantwortungsprinzip nicht per definitionem eingebaut. Das lässt sich im Blick auf den vierten Typus von qualifizierten Ausnahmen verdeutlichen.

4) Handlungen unter akutem Streß, etwa unter dem Einfluß einer Depression oder einer Droge, sind oft nicht beabsichtigt. Das Bewußtsein einer Person ist vielleicht völlig verdunkelt oder zumindest stark eigeengt auf eine einzige Option. Solche Handlungen und Reaktionen fallen entweder gar nicht unter das Verantwortungsprinzip, oder wir haben es mit verminderter Zurechnungsfähigkeit zu tun. Gleichwohl kann jemand sowohl für Trunkenheit als auch für die Folgen derselben getadelt oder sogar bestraft werden. Doch dieser Fall gehört in den Bereich der Erfolgs- und Gefährdungshaftung, den wir bereits unter der Rubrik 2) (Verursachung kollektiver Schäden) streiften. So wird z. B. Trunkenheit am Steuer als Fahrlässigkeit geahndet, und zwar der Zustand als solcher, nicht nur die Unfallfolgen. Die Frage, ob der Autolenker seinen Rausch beabsichtigte oder ob er Schnaps trank, den er für Wasser hielt, ist zwar entscheidend für die Frage der Zurechnung, kann jedoch in der Entschuldigungspraxis kaum eine Rolle spielen. Falls er nämlich irrtümlicherweise Alkohol

trank, hat er sich in der Tat unabsichtlich betrunken. In diesem Fall müßte jedoch der Angeklagte seine „Unschuld“ beweisen. Diese qualifizierte Ausnahme läßt sich, ähnlich wie die Erfolgshaftung für den gepanschten Wein, nur folgenorientiert begründen. Nicht nur die Straflosigkeiten von Unfällen infolge von Trunkenheit am Steuer, auch die Straflosigkeit von im Einzelfall harmloser Trunkenheit am Steuer führt zu einem untolerierbaren Sicherheitsrisiko. Sofern Aussicht besteht, dieses *gemeingefährliche* Vergehen durch Strafen zu verhüten, ist eine Verletzung von VP akzeptabel. Rein moralisch gesehen sollte man angetrunkene Fahrzeuglenker vielleicht nicht verurteilen, bevor man nicht mit Sicherheit ausschließen kann, daß sie versehentlich Alkohol tranken, doch die Rechtspraxis kann sich auf einen so fadenscheinigen und offensichtlich mißbrauchbaren Entschuldigungsgrund wie „Ich hielt den Schnaps für Wasser“ ohne Beweis der „Unschuld“ nicht einlassen. Es sind neben den hohen Kosten der Ermittlung (Verletzung der Privatsphäre!) die nachteiligen Folgen der Tolerierung von „faulen“ Entschuldigungen, welche für diese qualifzierte Ausnahmen vom VP sprechen.

Hier müssen wir allerdings einen Einwand gewärtigen. Sind nicht alle Entschuldigungsgründe mißbrauchbar? Spricht demnach das vorangehende Argument nicht für die Abschaffung aller Entschuldigungsgründe? Die utilitaristische Antwort lautet: Nein. Obwohl sich prinzipiell alle Entschuldigungsgründe mißbrauchen lassen, ist die *bloße Möglichkeit* eines Mißbrauchs kein hinreichender Grund für die Suspendierung von VP. Überdies erfüllen Entschuldigungsgründe die Funktion, daß normalerweise und abgesehen von wenigen Ausnahmen nur vermeidbare Gesetzesverstöße geahndet werden. Es liegt in den meisten Fällen in unserer Kontrolle, ob wir die Gesetze halten oder nicht. Damit wird die Sicherheit der Bürger vor dem strafenden „Leviathan“ gewährleistet.

Was den Mißbrauch von Entschuldigungsgründen betrifft, so gibt es Bereiche, die für Lügen und Entschuldigungen in besonderem Maße prädisponiert sind. Bei Alkoholismus und anderen Drogen handelt es sich jedoch nicht bloß um eine Möglichkeit, daß Ausflüchte und Lügen verwendet werden, sondern um einen wirksamen und hartnäckigen Mythos von Drogenabhängigkeit als Sucht und Krankheit. In unserer Gesellschaft ist die Auffassung, Alkoholismus sei eine fatale Krankheit, besonders beliebt. An diesem Mythos[125] verdienen nicht nur die Drogenproduzenten und Drogenhändler, sondern auch ein ganzes System von Betreuern und Helfern.[126]

Der ausschlaggebende Indikator für Krankheit ist in unserer Gesellschaft Arbeitsunfähigkeit. Wer lieber trinkt, als arbeitet, gilt als krank. Wer diese Auffassung teilt, fühlt sich überdies all jenen überlegen, welche Drogenabhängigkeit für ein Laster und eine moralische Verfehlung halten. Daß es sich bei zahlreichen Fällen von „Sucht“ um eine Entscheidung gegen *bestimmte Formen* von Arbeit oder um eine *absichtliche Flucht* vor Verantwortung handelt, wird dagegen geflissentlich übersehen. Wie diese mehr oder weniger versteckten Absichten zu bewerten seien, ist jedoch eine andere Frage. Die Überzeugung, daß sich manche Süchtige für ihre Sucht entschieden haben, daß sie die Flucht in die Droge gewählt haben, ist keineswegs inhuman, denn sie involviert noch keine Wertung.

[125] Vgl. Fingarette 1988. Wie Fingarette ausführt, liegt der Mythos in den falschen Verallgemeinerungen. In der dominierenden Drogenpolitik herrscht zur Zeit eine Mischung von Überkriminalisierung und paternalistischer Pathologisierung. Vgl. dazu Wolf 1991 c und 1991 d.

[126] Zur Psychologie des „Helfersyndroms“ vgl. Berne 1967, 192-213 und Schmidbauer 1977.

Sie ist nicht zu verwechseln mit der harschen Aussage „Süchtige sind selber schuld“. Die Zuschreibung von Verantwortung ist an sich noch kein Schuldspruch, denn wer z. B. wie der Kapitän im Sturm handelt, der zur Rettung der Passagiere die Fracht über Bord werfen läßt, übernimmt die volle Verantwortung für seine Entscheidung. Daß sich z. B. manche Alkoholiker dagegen wehren, als Patienten betrachtet und behandelt zu werden, ist ein Indiz dafür, daß sie die Verantwortung selber übernehmen wollen und dagegen protestieren, wie Kinder bevormundet zu werden. Die *Verallgemeinerung*, daß Alkoholismus oder Drogenabhängigkeit eine Krankheit sei, ist ein moderner Mythos und die von diesem Mythos geleitete Fürsorge und Paternalisierung eine Überreaktion auf die frühere Moralisierung, die im Alkoholismus nur ein Laster zu sehen vermochte.

Was also zunächst gegen den weiten Anwendungsbereich von VP und für eine „Pathologisierung“ zu sprechen schien, erweist sich bei näherem Zusehen als gefährliche Tendenz zur Entmündigung. Sigmund Freud hat behauptet, daß sich Symptombildungen und gewisse Krankheiten als unbewußte Problemlösungen interpretieren lassen. Ob und wie sehr *unbewußt* die Problemlösungen von Alkoholikern sind, wäre zu untersuchen. Ihnen und anderen Drogenabhängigen Verantwortung pauschal abzusprechen, ist dagegen unstatthaft. „Einen Menschen zur Verantwortung ziehen“ oder „verantwortlich machen“ heißt – trotz des bedrohlichen Untertons – nicht eo ipso, sein Verhalten moralisch zu mißbilligen oder ihn zu strafen. Vielmehr heißt es primär, jemanden als ein Wesen anzuerkennen, daß in der Lage ist, die Folgen seiner Entscheidungen grundsätzlich zu überblicken und auf sich zu nehmen.

Daß die typischen Fälle von staatlichen Strafen am VP

orientiert sind, läßt sich, ebenso wie die qualifizierten Ausnahmen, rein folgenorientiert begründen. Der Appell an Fairneßgründe hingegen ist nicht „selbstevident“ oder „selbstrechtfertigend“. Vielmehr setzt unser Gefühl von Fairneß eine Reihe von Annahmen voraus, die ihrerseits – wenn überhaupt – rein konsequentialistisch zu begründen sind. So ist es gewöhnlich wirksamer, Menschen nur für Dinge zu bestrafen, für die sie verantwortlich sind, weil sie andernfalls kaum in der Lage wären, ihr Leben zu planen, ein Selbstwertgefühl zu entwickeln und andere Personen nach ihren Verdiensten einzustufen. Ein Konsequentialist darf sich auch der Tatsache nicht verschließen, wie sehr das Zusammenleben der Menschen von zurechnenden Emotionen geprägt ist. Berufe und Funktionen dagegen, die mit einem gemeingefährlichen Gefahrenpotential für andere verbunden sind und bei deren Ausübung eine höhere Sorgfaltspflicht unerläßlich ist, können qualifizierte Ausnahmen vom VP rechtfertigen.[127]

Eine Komplizierung entsteht aus dem Zusatz „bzw. wissentlich zuläßt“. Denn ich kann z. B. etwas zulassen, was andere tun. Bin ich verantwortlich für das, was andere tun? Ein vom Gesetz vorgesehener Fall ist die stellvertretende Verantwortung für Abhängige oder Angestellte. So bin ich nach dem Stellvertreterprinzip verantwortlich für den Schaden, den mein Hund, mein Kind oder u. U. mein Angestellter anrichtet.

Daß hier das Verantwortungsprinzip verletzt wird und

[127] Vgl. Wasserstrom 1959/1960 meint, daß die erhöhte Verantwortung selbst für Handlungen, die weder absichtlich noch fahrlässig sind, die vorauswißbaren Risiken einer Berufswahl ausmachen können. Bedenkt man aber, daß es Berufe gibt, die von irgendjemand ausgeübt werden müssen und daß vielleicht einigen Leuten keine andere Wahl als die zwischen diesem Beruf und Arbeitslosigkeit bleibt, so könnte man die Bestrafung der Folgen solcher „Berufsrisiken“ als besonders unfair empfinden.

vielleicht trotzdem eine moralische Rechtfertigung für solche Stellvertreter-Haftungen vorliegen könnte, bildet ein irritierendes Problem. Wir könnten z. B. annehmen, daß es sich in diesen Fällen um 1) sehr schwerwiegende Schäden oder Risiken handelt, daß 2) die Strafen oder Bußen verhältnismäßig (im Vergleich zu Kriminalstrafen und in Relation zum Vermögen des Haftenden) geringfügig und ohne stigmatisierende Wirkung sind und daß 3) die zu schützenden Güter (z. B. der Schutz vor Körperverletzungen) bedeutsam sind. Diese Annahmen lassen sich jedoch von Fall zu Fall bezweifeln, und es bleibt deshalb fraglich, ob sich die Suspendierung von VP für stellvertretende Haftung generell moralisch rechtfertigen läßt.

Diese Zweifel beruhen jedoch nicht auf einem Appell an ein vages Fairneß-Empfinden, sondern auf folgenorientierten Argumenten. Denn für den Utilitaristen gibt es nicht nur Gefahren zu verhüten, die von den Bürgern ausgehen, sondern auch jene, die vom Staat ausgehen. Solche Gefahren sind Strafen, die wir nicht vermeiden könnten und die als Folge des Verhaltens anderer schicksalshaft über uns hereinbrechen würden. Meistens lassen sich verschiedene Nuancen von indirekter Absicht und Fahrlässigkeit überprüfen. So kann der Hundebesitzer z. B. die Unberechenbarkeit seines Hundes kennen oder nicht, er kann erwarten, daß jemand sein Grundstück betritt etc. Es ist nicht einzusehen, weshalb der Schutz vor Gefahren und Schäden eher garantiert wird, wenn von solchen Überprüfungen völlig abgesehen und die stellvertretende Haftung rigoros angewendet wird. Diese Bedenken verstärken sich, wenn die Erfolgshaftung nicht nur in Form von Geldbußen, sondern als kriminalisierende Maßnahme praktiziert wird.

Einen Sonderfall stellt auch die kollektive Verantwortung

dar. Bloße Zuschauer eines Verbrechens oder untätige Zeugen eines Unfalls können sich durch ihre Passivität strafbar machen. Kollektiv ist die Verantwortung dann, wenn mehrere Zeugen untätig bleiben und jeder annimmt, die anderen müßten etwas unternehmen. Die Strafbarkeit für unterlassene Hilfe gilt in den angelsächsischen Ländern als besonders problematisch, weil sie angeblich die Planung des eigenen Lebens untergrabe. Wer so argumentiert, übertreibt jedoch maßlos und macht die Idee des souveränen Individuums, das sich selber hilft und seine eigenen Wege geht, zur Farce. Freiheit würde dann bedeuten, an Not und Leiden anderer einfach vorüberzugehen. Wer Unfallzeuge wird, kann den ersten Schritt – die Verständigung der Polizei – tun, ohne damit seine übrigen Lebenspläne über den Haufen zu werfen. Zu weiteren Diensten ist er rechtlich gar nicht verpflichtet.

Zusammenfassend läßt sich sagen: Soll das Recht (nicht nur das Strafrecht) weiterhin im Rahmen des Zusammenlebens von Individuen angewendet werden, die ihr Leben selber planen und die Rechtsfolgen ihrer Handlungen selber unter Kontrolle haben wollen, besteht ein Interesse, das VP *nur ausnahmsweise* zu verletzen. Eine maßlose Ausweitung der Erfolgshaftung oder die Kriminalisierung von unbeabsichtigten Handlungen verringert die Sicherheit des Bürgers vor dem Staat bzw. die Möglichkeit, selber zu wählen und sein Leben zu planen. Qualifizierte Ausnahmen sind nur dann gegeben, wenn entweder eine Gemeingefährlichkeit von Schäden und Gefahren nachweisbar ist und die Qualität oder die Bedingungen des Zusammenlebens ernsthaft gefährdet werden. Jedenfalls ist es möglich, das Verantwortungsprinzip und seine moralisch qualifizierten Ausnahmen rein konsequentialistisch zu begründen.

Die Utilitarismus-Kritik basiert häufig auf einer Simplifikation. Wir müssen uns vor Augen halten, daß für den Utilitaristen Strafe ein kostspieliges Übel ist. Ziel der utilitaristischen Straftheorie ist die möglichst ökonomische[128] Abschreckung[129]. Der Erfolg legitimiert die Strafe, und dieser Erfolg muß sich u. a. in der Kriminalstatistik, aber auch in der Sicherheit und Qualität des Zusammenlebens niederschlagen. „Der Zweck heiligt schon aus Kostengründen nicht jedes Mittel."[130] Zu diesen Kosten gehören auch der Verlust an Wahlfreiheit, wenn Entschuldigungsgründe für unvermeidbare Situationen nicht zugelassen werden. Das System der totalen Erfolgshaftung ist nicht, wie das Gertrude Ezorsky behauptet, ein „utilitaristischer Nachtmahr".[131] Damit verliert der Retributivismus seinen stärksten Trumpf.

---

[128] „Ökonomisch" im weiteren Sinne von „sparsam" auch in Bezug auf die Verschwendung immaterieller Werte wie z. B. freie Wahl.

[129] Die Unterschiede zwischen Verhütung, Verhinderung und Abschrekkung, General- und Spezialprävention werden hier nicht berücksichtigt. Die Ausdrücke „Prävention" und „Abschreckung" werden oft als Überbegriffe verwendet.

[130] Baurmann 1990, 146.

[131] Ezorsky 1974, 104.

8. Strafe und Liberalismus

Im zweiten Kapitel wurde eine liberale Konzeption des Verhältnisses von Strafe und Moral empfohlen. Nun ist es an der Zeit, die grundsätzliche Frage zu stellen: Kann der Liberalismus staatliche Strafen rechtfertigen? Sowohl konservative als auch sozialistische Kritiker haben ihre Zweifel angemeldet. Ein Angriffspunkt ist die Beobachtung, „daß Liberale bezüglich der Autorität des Staates endlos ambivalent waren und bleiben".[132] Die Einwände lassen sich in drei Thesen konkretisieren: 1) Die konservative These; 2) die sozialistische These und 3) die epistemologische These. Diese Thesen, die sich teilweise überschneiden, teilweise ausschließen, werden im Folgenden erläutert und zurückgewiesen. Das Kapitel schließt mit einigen Bemerkungen zum starken Gesetzesmoralismus.

1) Die konservative These: Die latente Staatsfeindlichkeit des Liberalismus führt zu einer Entzauberung der Staatsmacht, die ihr in letzter Konsequenz die Autorisierung zur Strafe entzieht. Der liberale Staat hat zu wenig Autorität, um zu strafen. Er darf seine Bürger nur noch wie gleichberechtigte Vertragspartner behandeln. „Strafe" wird zur Tauschaktion neutralisiert. Sie verliert insbesondere die „expressive Kraft" zur moralischen Verurteilung des Verbrechens und degeneriert zur „Wiedergutmachung

[132] Flathman 1983, 51. Vgl. auch ders. 1980.

und Abschreckung".[133] – Dieser Einwand lastet pauschal dem Liberalismus an, was sonst der Metaphorik der Rückzahlung und dem Utilitarismus entgegengehalten wird. Doch eine liberale Position braucht weder utilitaristisch zu sein, noch braucht sie sich der verfänglichen Metapher von Strafe als Rückzahlung einer Schuld zu verschreiben.

2) Die sozialistische These: Der Liberalismus unterstellt eine Gleichheit der Chancenfreiheit und Kalkulationsfähigkeit, die von der Mehrzahl der Delinquenten gar nicht erfüllt wird. Er legitimiert das Strafrecht auf der Grundlage idealisierter Annahmen, die in einer Klassengesellschaft rein illusorisch sind. Der Liberalismus ist ideologisch getrübt, weil er die optimalen Voraussetzungen freiwilliger Tauschbeziehungen in den westlichen Industrieländern für bereits realisiert hält. Er unterstellt das Gebot der Fairneß, daß niemand von seinen Straftaten profitieren dürfe. Dabei handelt es sich um Fairneß gegenüber den Bürgern, die sich an die gesetzlichen Restriktionen halten. Wie wir bereits andeuteten, läßt sich die Rede von Vorteilen und Nachteilen dahingegend präzisieren, daß nicht die konkreten Vorteile einer Straftat, sondern die Vorteile der Entlastung von der Rechtspflicht bzw. die Nachteile der generellen Bürde des Rechtsgehorsams gemeint sind. Diese Vorteile und Nachteile lassen sich nicht in psychischen Zuständen von Erleichterung und Streß oder in materiellen Gütern, sondern nur in Termini von Freiheits-Spielräumen ausdrükken. In einem umfassenden Sinne fair wäre Strafe jedoch nur dann, wenn alle Bürger de facto die gleichen Chancen hätten, ihre Handlungen zu kalkulieren, während die Aussichten, Gesetze zu umgehen und Verbrechen zu verber-

[133] Locke 1980, 102: „reparation and restraint".

gen, für alle gleichermaßen gering wäre. In einer Klassengesellschaft, ja in jeder Gesellschaft, in der diese Chancen ungleich verteilt sind, wird es eine Gruppe von raffinierten „Parasiten" geben; so lange das der Fall ist, werden vorwiegend Unterprivilegierte bestraft.

Der Einwand stützt sich auf ein retributives Verständnis von Strafe, das z. B. bei Karl Marx virulent zu sein scheint. Er schreibt:

„Man hat die Strafe gemeinhin verteidigt als ein Mittel zur Besserung oder zur Einschüchterung. Aber welches Recht hat man, mich zu strafen, um andere zu bessern oder einzuschüchtern? Ausserdem gibt es so etwas wie die Statistik, und es gibt die Geschichte, und beide beweisen voll und ganz, daß die Welt seit Kain durch Strafen weder gebessert noch eingeschüchtert worden ist. Ganz im Gegenteil. Vom Standpunkt des abstrakten Rechts gibt es nur eine Theorie der Bestrafung, die die menschliche Würde abstrakt anerkennt, und das ist die Kantsche Theorie, besonders in der strengeren Fassung von Hegel. Dieser sagt: ‚Strafe ist das *Recht* des Verbrechens. Sie ist ein Akt seines eigenen Willens. Die Verletzung des Rechts proklamiert der Verbrecher als sein Recht. Sein Verbrechen ist die Negation des Rechts. Strafe ist die Negation dieser Negation und folglich eine Bestätigung des Rechts, die der Verbrecher selbst herausfordert und sich selbst aufzwingt.'
Zweifellos hat dieser Grundsatz etwas Bestechendes, da Hegel, statt in dem Verbrecher ein bloßes Objekt, nur den Sklaven der Justiz zu sehen, ihm zum Rang eines freien Wesens erhebt, das über sich selbst bestimmt. Sehen wir jedoch etwas näher zu, so entdecken wir, daß der deutsche Idealismus hier, wie in den meisten anderen Fällen, nur die Gesetze der bestehenden Gesellschaft durch übersinnliche Argumente sanktioniert. Täuscht man sich nicht selbst, wenn man an Stelle des Individuums mit seinen wirklichen Beweggründen, mit den zahlreichen, ihn [sic!] bedrängenden sozialen Verhältnissen die Abstraktion des ‚freien Willens' setzt, eine der vielen menschlichen Eigenschaften an Stelle des Menschen selbst?"[134]

---

[134] Marx 1853, 507 f.

Dieser Passus enthält primär keine Widerlegung des Retributivismus, sondern eine Kritik an dessen „idealistischer" bzw. ideologischer Verwendung. Der Rechtfertigungsgrund der Strafe als Recht des Kriminellen auf Bestrafung wird sogar gelobt – wenn auch als Grund „in abstracto". Gegen Hegel und Marx müßte man jedoch festhalten, daß eine vertretbare Straftheorie nicht die Simplizität des ius talionis teilen kann. Eine verfeinerte Vergeltungstheorie empfiehlt sich also nicht etwa durch ihre Simplizität. In der Fortsetzung des Zitats behauptet Marx, Strafe diene nur der Erhaltung der Lebensbedingungen einer Gesellschaft, „was auch immer deren Inhalt sein mag". Wie so oft bei Marx ist jedoch nicht klar, ob er nur funktionale Erklärung oder auch eine eigene Wertung vorbringt. Denn die bloße Feststellung, daß z. B. die „Klassenjustiz" der Erhaltung einer Klassengesellschaft dient, ist keine Antwort auf die Frage, ob eine akzeptable moralische Rechtfertigung des Strafrechts in einer sozialistischen Gesellschaft retributivistisch oder utilitaristisch wäre.

Die „Erziehungstheorie" der Strafe wird – unter Berufung auf Bentham! – vom jungen Marx parodiert, ja er skizziert sogar die Utopie einer Gesellschaft ohne Strafe (als von anderen auferlegter Zwang):

„Unter *menschlichen* Verhältnissen dagegen wird die Strafe *wirklich* nichts anderes sein als das Urteil des Fehlenden über sich selbst. Man wird ihn nicht überreden wollen, daß eine *äußere*, ihm von andern angetane *Gewalt* ein Gewalt sei, die er sich selbst angetan habe. In den *andern* Menschen wird er vielmehr die natürlichen Erlöser von der Strafe finden, die er über sich selbst verhängt hat, d. h. das Verhältnis wird sich geradezu umkehren."[135]

[135] Marx 1845, 190.

Versteht man unter einer guten Theorie im Bereich der praktischen Philosophie eine Theorie, die u. a. auch die Qualität der Anwendbarkeit (wenn vielleicht auch nicht der kurzfristigen Durchsetzbarkeit) hat, dann ist die Vergeltungstheorie nach dem Selbstzeugnis eines ihrer klügsten Vertreter eine schlechte Theorie. Gemeint ist Jeffrie Murphy,[136] der Strafe folgendermaßen rechtfertigt: Jeder Gesetzesbrecher macht sich gegenüber allen rechtsgehorsamen Bürgern schuldig, welche auf jeden Vorteil aus illegalen Handlungen verzichten; die Pflicht zum Rechtsgehorsam ist ein Gebot der Fairneß. Die Vollstreckung von Strafen gegen Gesetzesbrecher ist erst dann fair, wenn die Basisstruktur der Gesellschaft, in welcher der Täter lebt, tatsächlich den Fairneßprinzipien entspricht. Nimmt man mit Marx an, daß das unter dem Kapitalismus gar nicht möglich ist, so lassen sich Strafen in einer kapitalistischen Gesellschaft nicht als fair rechtfertigen, obwohl die Vergeltungstheorie jene Straftheorie ist, die Marx in abstracto allen anderen vorzieht.

Vermutlich muß man sich, um die Fairneß-Theorie zu beurteilen, nicht einmal darüber einigen, ob die Basisstruktur einer Gesellschaft wirklich gerecht ist. Denn allein die Tatsache, daß es „privilegierte Gesetzesbrecher" gibt, ist hinreichend dafür, daß eine angenommene Fairneß-Pflicht zum generellen Rechtsgehorsam in sich zusammenbricht. Eine innere Schwäche von Murphy's Theorie tritt nicht deutlich hervor, weil er die partielle Ineffizienz der Gerichte immer noch als geringeres Übel des Rechtsstaats gegenüber einem System staatlich verordneter Therapie hervorhebt. Retributivisten wie Morris und Murphy lehnen bekanntlich die Alternative „Behandlung statt Strafe" vehement ab. Sie zahlen lieber den Preis

[136] Murphy 1979.

einer gewissen Ineffizienz von Polizei und Justiz, denn selbst in einer klassenlosen Gesellschaft wird es nie eine vollkommene Justiz geben. Die Spannung in der Fairneß-Theorie ist beträchtlich: Sie will nicht gegen die Maxime „In dubio pro reo“ verstoßen und begünstigt gerade damit jene zwielichtigen Bürger, welche Geschick und Mittel haben, ihre Ergreifung oder den Schuldnachweis zu erschweren. Das Argument für staatliches Strafen aus Fairneßgründen und die rechtsstaatliche Maxime „in dubio pro reo“, die sich in partieller Ineffizienz der Justiz auswirkt, erzeugen eine Inkonsistenz.

3) Die epistemologische These: Viele Versionen der liberalen Theorie sind skeptisch in bezug auf Werterkenntnis. Ihre negative Grundlage bildet ein Wert-Nonkognitivismus, der letztlich auf einen „Wertnihilismus“ hinausläuft. Wertungen und Konzeptionen des guten Lebens werden nur noch als Ausdruck von subjektiven Präferenzen betrachtet. Angesichts der Vielfalt von Präferenzen und Geschmacksrichtungen muß sich die Rechtsmoral auf ein Minimum von Vorschriften zurückziehen, auf die sich alle – unabhängig von ihren persönlichen Lebens- und Weltanschauungen – leicht einigen können. Weil m. a. W. Fragen des guten Lebens wesentlich kontrovers bleiben, muß sich das Strafrecht darauf beschränken, Schädigungen zu verhüten. Die Reduktion des Strafrechts auf Prävention verfällt wieder in den Fehler, Strafe auf „Reparation und Abschreckung“ festzulegen. Eine Begründung der expressiven Funktion der Strafe ist dagegen nur unter Bezugnahme auf die wichtigsten in einer Gemeinschaft geteilten Wertvorstellungen möglich, und diese gemeinsamen Wertvorstellungen werden für mehr als bloß subjektive Vorlieben und Abneigungen gehalten. Zu diesen Werten gehören z. B. Gott, Vaterland und Tugend. Eine tempera-

mentvolle Offensive hat in jüngster Zeit Stanley Brubaker eröffnet.[137]

Den beiden zuletzt genannten Attacken ist die Voraussetzung einer retributiven Konzeption von Strafe gemeinsam. Sie operieren z. T. mit einer Definitionssperre gegen alle Versuche, Rechtfertigung und Kontrolle der Strafpraxis nicht retributiv anzupacken. Die Linie von liberalen Philosophen, welche zu einer Präventionstheorie neigen, wird in diesen Einwänden unterschlagen. Was nun diese Tradition betrifft, so ist sie durch eine Entmythologisierung der Begriffe von Schuld und Sühne charakterisiert. Die Liberalismuskritik ist so chamäleonhaft wie der Liberalismus selber; sie kann sich auch gegen das Präventionsdenken richten, das nun als „typisch liberal" eingestuft wird. Das Präventionsdenken – so lautet nun der Einwand – erzeugt oder verstärkt eine Tendenz zur Verdrängung von Schuldstrafrecht durch resozialisierendes Maßnahmenrecht. Damit wird die Verantwortung des Täters geleugnet. Es wird nicht mehr nach seiner Schuld gefragt, sondern er wird als „Defizitmensch" behandelt.[138]

Die Erwiderung auf diesen Einwand fällt natürlich leichter, wenn man die „expressive Funktion" der Strafe nicht in die Definition von „Strafe" inkorporiert. Diese Entwicklung mag zwar der „expressiven Natur" der Strafe widersprechen, doch auch darin liegt keine typische Schwäche des Liberalismus. In der Linie von Hobbes bis Austin wächst die Einsicht in die Unverzichtbarkeit von Strafe und Sanktionen im säkularen Staat.[139] Benthams

---

137 Vgl. Brubaker 1988.

138 Von den im Strafvollzug Tätigen wird die Schuldfrage offenbar weitgehend ausgeklammert, der Straftäter wird weniger als Schuldiger, sondern vielmehr als Defizitmensch betrachtet. Vgl. Wiertz 1982, 20.

139 Historische Darstellungen findet man bei Eisenach 1978 und 1981, 120-140.

Kennzeichnung von Strafen als unvermeidbaren Übeln bringt nicht nur das Postulat des Schutzes der Rechtsgüter durch das Strafrecht in den Blick, sondern auch die politische und verfassungsrechtliche Forderung des Rechtsgutes „Schutz vor dem Strafrecht". Bei Mill findet sich Wachsamkeit für die Gefahren und Versuchungen von Paternalismus und Majoritätsherrschaft. Eine im Geiste des Utilitarismus geführte Reform des Strafrechts, die vom Schuldstrafrecht zu einem tatbezogenen Maßnahmenrecht hinführt, braucht nicht unempfindlich für paternalistische und andere Freiheitsverletzungen zu sein. Auch ein Maßnahmenrecht vermag dem Prinzip der Verantwortung Rechnung zu tragen, wonach es kein Verbrechen und keine Strafe ohne vermeidbare Gesetzesverletzung gibt. Ja selbst die Geltung von legalen Entschuldigungsgründen und die Verhältnismäßigkeit der Strafe läßt sich aus der Perspektive spezialpräventiver Maßnahmen respektieren.[140] Der Liberalismus ist auch in seiner utilitaristischen und konsequentialistischen Orientierung nicht zur strafphilosophischen Impotenz verurteilt.
Die dritte These scheint spezifisch liberalismuskritisch zu sein. Doch der erste Anschein trügt. Denn auch diese These pflückt einige Versionen des Liberalismus heraus, andere (wie z. B. Mills Version, die nicht non-kognitivistisch ist) werden vernachlässigt. Überdies ist die Rekonstruktion klassischer Positionen von Locke, Hume, Smith und Kant als Skeptizismus in bezug auf Werterkenntnis umstritten, wenn nicht sogar offenkundig falsch.[141] Libe-

---

[140] Vgl. Baurman 1987.

[141] Vgl. Terchek 1989 sowie Brubakers anschließende Entgegnung 1312-1316. Die Schwierigkeit liegt z. T. auch in der Unschärfe der Begriffe Kognitivismus und Non-Kognitivismus. Ein Non-Kognitivist kann z. B. in Abrede stellen, da es objektive Werte, moralische Tatsachen, Wahrheiten oder Eigenschaften, „strenge" moralische Erkenntnis, ratio-

ralismus ist nicht notwendig skeptisch, individualistisch oder gar „nihilistisch".

Also ist auch die letzte These zu pauschal und zu unspezifisch. In der Liberalismuskritik macht sich die Schwierigkeit bemerkbar, eine Tradition einheitlich zu charakterisieren, deren Uneinheitlichkeit bereits in der Stellungnahme zum Utilitarismus zum Ausdruck kommt. Natürlich gibt es angreifbare Liberalismuskonzepte, die u. a. den Wert individueller Freiheit zum Fetisch machen und die Werte der „Gemeinschaft" ignorieren. Eine solche Tendenz zum orthodoxen Individualismus macht sich z. B. in der Verlegenheit bemerkbar, mit der liberale Theoretiker etwa dem Umsichgreifen von Gewalt- und Pornographiedarstellung in einem Quartier oder in einer Stadt begegnen. Wenn sie davon überzeugt sind, daß es unter keinen Umständen moralisch gerechtfertigt ist, den Präferenzen der Mehrheit von Bewohnern einer Lokalität für Anstand und akzeptable Nachbarschaft und Umgebung gesetzlichen Nachdruck zu verschaffen, dann können sie gewisse „Laster" nicht verbieten lassen. Ein Ausweg aus der Orthodoxie besteht darin, daß man zumindest die öffentliche und gewerbsmäßige Ausübung von „Lastern" erschwert, denn nicht alles, was an sich vielleicht moralisch indifferent ist, bleibt moralisch indifferent, wenn es öffentlich und gewerbsmäßig betrieben wird. Eine solche Strategie muß aber neben dem Prinzip der Verhütung der Schädigung anderer auch ein Störungs- bzw. Ärgernisprinzip als Basis für strafrechtliche Sanktionen anerkennen. Dieses „offense"-Prinzip ist allerdings viel zurückhaltender anzuwenden als das Prinzip der Verhütung von

---

nal begründbare moralische Urteile oder von subjektiven Gefühlen und Einstellungen unabhängige moralische Urteile gibt. Je nach dem ergeben sich ganz unterschiedliche metaethische bzw. werttheoretische Positionen.

Schädigungen nicht zustimmender Parteien. Damit wird bereits eine offizielle Linie der liberalen Sanktionstheorien verlassen, der gemäß es nur *ein einziges* Strafprinzip gibt, nämlich die Verhütung der Schädigung anderer.
Im Streit zwischen Liberalen und ihren Kritikern scheiden sich die Geister am sog. Gesetzesmoralismus. Wie im zweiten Kapitel bemerkt wurde, ist selbst die plausibelste These über das Verhältnis von Recht und Moral eine Form von Gesetzesmoralismus – allerdings im schwachen Sinne.[142] Denn die Minimalmoral, die dem Strafrecht einverleibt werden darf, ist lediglich auf unrechtmäßige Schädigungen anderer (allenfalls noch auf schwere Ärgernisse und Störungen) bezogen. Für einen *Gesetzesmoralismus im starken Sinne* gibt es jedoch auch Übel anderer Art, die nicht in einer nachweisbaren Weise identifizierbare Individuen schädigen – sie wurden gelegentlich „Verbrechen ohne Opfer" genannt.[143] Feinberg hat die „Taxonomie von nicht-schädigenden Übeln" differenziert und erweitert. So spricht er etwa von „non-grievance evils" und „free-floating evils"[144] – die Details brauchen uns hier nicht zu interessieren. Zu den meist zitierten Übeln, gegen die sich der starke Gesetzesmoralismus richtet, gehören

---

[142] Darauf hat MacCormick 1982 hingewiesen. Eine andere Unterscheidung zwischen starkem und schwachem Gesetzesmoralismus diskutiert Cranor 1978-1979; für ihn ist der starke Gesetzesmoralismus auf Retribution begründet, während der schwache Gesetzesmoralismus auf der Grundlage einer Präventionstheorie beruht. Diese Unterscheidung steht quer zu der hier verwendeten; nach meiner Terminologie vertritt Devlin einen starken Gesetzesmoralismus, der alle Straftaten in Analogie zu politischer Subversion setzt; nach Cranors Klassifikation ist diese Doktrin eine Form von schwachem Gesetzesmoralismus, weil Devlin die Prävention von Unheil, und nicht primär faire Vergeltung fordert.
[143] Wertheimer 1977.
[144] Feinberg 1984-1988, Bd. 4, 4, 18-20. Im Schlußkap. erörtert Feinberg hartnäckige Gegenbeispiele gegen seine Ablehnung des Gesetzesmoralismus.

die Auflösung von traditionellen Lebensweisen, Transaktionen, welche unfairen Gewinn bringen oder die Stagnation des moralischen Charakters oder die „Verrohung", welche, so wird angenommen, mit staatlichen Zwangsmitteln verhindert werden könnten.

Feinbergs Theorie verdient in unserem Zusammenhang besondere Aufmerksamkeit. Nicht nur enthält sie zahlreiche Klärungen dessen, was berechtigte Anliegen des sog. „Kommunitarismus" und des „Gesetzesmoralismus" sind (die manchmal Hand in Hand gehen), sondern er führt seinen Liberalismus expressiv verbis als eine prägnante Strafrechtsdoktrin ein, und nicht etwa als eine unspezifische und weit gefaßte Staats- oder Gesellschaftslehre. Vereinfachend gesagt gibt es vier mögliche Strafrechtsprinzipien:[145] 1) das Schädigungsprinzip, 2) das Störungs- oder Ärgernisprinzip, 3) den Gesetzespaternalismus und 4) den Gesetzesmoralismus – in unserer Terminologie der „starke Gesetzesmoralismus". Darunter versteht Feinberg die These, daß es notwendig sei, an sich [inherently] unmoralisches Verhalten zu verhüten, und zwar ohne Rücksicht darauf, ob dieses Verhalten zusätzlich für irgendjemand schädigend, aufdringlich störend oder lästig ist. Ein Beispiel ist etwa das „Paradox der Erpressung", das darin besteht, daß es jemand vorzieht, einen Erpresser zu bezahlen statt ihn anzuzeigen, während der Erpresser, abgesehen von seiner Drohung, nur Gebrauch macht von seinem Recht, Informationen weiterzugeben. Noch eindrücklicher sind diverse Formen von Ausbeutung, denen die Ausgebeuteten freiwillig zustimmen. Feinberg verteidigt

---

[145] Bei genauerem Hinsehen lassen sich sogar zehn „freiheits-begrenzende Prinzipien" unterscheiden – vgl. Feinberg 1984-1988, Bd. 4, XIX f. Die liberale Position in bezug auf die moralischen Grenzen des Strafrechts wird nun als separates Prinzip aufgeführt. – Zum Paternalismus vgl. Wolf 1990 c; 1991 c und 1991 d.

den Wert der Freiheit gegen den vergleichsweise geringen Wert der Verhütung solcher Übel mit den Mitteln des Strafrechts. Er hält den starken Gesetzesmoralismus, der auch solche Übel strafrechtlich ahndet, die weder nachweisbare Schädigungen anderer noch massive Störungen oder Belästigungen involvieren, für unvereinbar mit einer liberalen Position. Als konsequenter Vertreter dieser Position muß er eine ganze Reihe von „unmoralischen Handlungen" wie Erpressung, Ausbeutung (jedenfalls innerhalb der Grenzen, in denen sie zwar in unfairen Gewinnen bestehen, aber mit Zustimmung ihrer „Opfer" stattfinden) dulden. Unter das Verdikt des Gesetzesmoralismus könnte z. B. auch das Preisboxen fallen; ausschlaggebend wäre dann nicht der Aspekt der Selbstgefährdung, dessen Verhütung dem paternalistischen Prinzip untersteht, sondern die Brutalität dieser Sportart, die Schaulust des Publikums sowie der Gewinn aus solchen Spektakeln der gegenseitigen freiwilligen Körperverletzung. Die liberale Position in bezug auf die moralischen Grenzen des Strafrechts besagt, daß nur die Prinzipien 1) und 2) als moralische Basis des Strafrechts anerkannt werden, während 3) und 4) als illiberale Strafprinzipien verbannt werden.

Um diese Position zu prüfen, konfrontiert sie Feinberg u. a. mit einem extremen Beispiel, das von Irvin Kristol stammt, nämlich der Zulassung freiwilliger, aber blutiger und tödlicher Gladiatorenkämpfe.[146] Ein Liberaler, der sich – aus Prinzipiengründen – weigert zuzugeben, daß er nicht in einer Gesellschaft leben will, in der solche Kämpfe stattfinden, geht mit der Verteidigung von Individualität, Lebensexperimenten und einem freien Markt zu weit.

---

[146] Kristol 1971. Es wäre für unsere Diskussion fehl am Platz, einfach auf die bestehenden Gesetze gegen Zweikampf und Duell zu verweisen, denn es geht ja gerade um die moralische Begründbarkeit eines solchen Verbotes in einer Gesellschaft mit einem freien Markt.

Feinberg gehört zu diesen prinzipientreuen (oder orthodoxen) Liberalen, die zumindest eine Verhütung solcher „Verschlechterungen" mit den Mitteln des Strafrechts rigoros ablehnen. Was nach seiner Strafrechtsphilosophie gegen die Einführung blutiger Sportarten spricht, ist die erhöhte Anforderung an die Freiwilligkeit proportional zum größeren Schadensrisiko und zum extremen Ausmaß der Schädigung. Die Gladiatoren würden sich voraussichtlich aus den gesellschaftlich unterprivilegierten Schichten rekrutieren. Welche Leserin dieser Zeilen – sie gehört mindestens zu jenen, welche am Privileg der Bildung teilhaben – würde sich freiwillig für eine Karriere als Gladiatorin melden?

Diese Überlegung Feinbergs ist sicher korrekt, aber ist sie auch adäquat? Nehmen wir an, wir lebten in einer Gesellschaft, in der es keine „Reservearmee" von Unterprivilegierten gäbe, in der sich jedoch gleichwohl freiwillige Kämpfer meldeten. Wäre die mit der in hohem Grade freiwilligen Ausübung von Verstümmelung und Totschlag einhergehende Verrohung des Publikumsgeschmacks und die Entstehung eines neuen Milieus der Duldung, ja Honorierung von Mord und Gewalt akzeptabel? Wir könnten mit einer Version von „Selbst-Paternalismus" uns selber davor bewahren, eines Tages solche Gladiatorensendungen im Fernsehen anzuschauen und in unseren Empfindungen zu verrohen. Nicht nur die Barbarbei eines blutigen Kampfes, sondern die Akzeptierung solcher „Spiele" als normale und hochdotierte Unterhaltung Erwachsener trägt dazu bei, das Klima der Gemeinschaft zu verschlechtern. Überdies wird mit der Einführung solcher Spiele eine wichtige Schwelle von der fiktionalen zur realen Darstellung von Mord und Gewalt überschritten.[147]

[147] Feinberg unterstellt, daß die Leute im Kontext der Schaulust an bluti-

Ein Bestandteil der Legitimitation von fiktionaler Darstellung ist nämlich die Voraussetzung eines „gesunden Unterscheidungsvermögens" der meisten Erwachsenen bezüglich der Ebenen von Realität und Fiktion. Diese Differenz wird nun von realen Gladiatorenspektakeln unterminiert. Obwohl die Kausalforschung über Medien und Sozialverhalten offenbar kaum eindeutige und unbestrittene Befunden aufzuweisen hat, läßt sich immerhin sagen, daß es zwischen Gladiatorenkämpfen und anderen strafbaren aggressiven Praktiken einen viel direkteren Zusammenhang gibt als zwischen diesen und der simulierten Gewalt in fiktionalen Kontexten. Die Bedeutung dieser Unterscheidung manifestiert sich in der berechtigten Entrüstung anläßlich der Entdeckung, daß gefilmte Folterszenen, die zunächst als Fiktion angeboten und rezipiert werden, Aufnahmen aus den Folterkellern Brasiliens sind. Daß bewußt geschürte Ungewißheit darüber, ob gezeigte Folterszenen fiktiv oder real sind, noch als zusätzlicher Verkaufsanreiz dienen kann, ist eine Tatsache, die auf dramatische Weise gegen den schrankenlos freien Markt spricht.

Gemeinschaftsbezogene Argumente[148], welche Atmosphäre und Qualität der Gemeinschaft und Nachbarschaft

gen Gladiatorenkämpfen nicht mehr in der Lage wären, eine scharfe Grenzlinie zwischen freiwilligen und aufgezwungenen Kämpfen zu ziehen. Feinberg 1984-1988, Bd. 4, 329. Arneson nennt diese Überlegungen reichlich spekulativ und glaubt, daß sie auch zum Verbot harmloserer Praktiken führen müßten (Arneson 1990, 372 f.). Bedenkt man jedoch die Auswirkungen der Diktatur eines Ehrbegriffs, nämlich die Leiden der Teilnehmer an Duellen und ihren Angehörigen, so sind Feinbergs „Spekulationen" nicht völlig von der Hand zu weisen. Mein Argument betrifft eine andere Grenzlinie, nämlich die zwischen fiktionaler und realer Mord- und Gewaltschaustellung.

148 Zur kommunitaristischen Auffassung von Strafe vgl. Lomasky 1987, 141 f. Eine Verteidigung des Liberalismus gegen kommunitaristische Einwände findet man bei Kymlicka 1991.

betreffen, werden von Liberalen nach der Façon Feinbergs nicht völlig verschmäht. Vielmehr gibt er zunächst eine sehr einfühlsame Beschreibung dessen, was wohl in vielen Konservativen vorgeht, welche sich in einer rasch verändernden Gesellschaft, ja letztlich in ihrer eigenen Familie fremd fühlen, den drastischen sozialen Wandel als etwas in sich Schlechtes und Bedrohliches empfinden und es als unfair empfinden, daß eine traditionelle Lebensweise ohne Rat und Zustimmung der Mehrheit zerstört wird. Die Ziele der Konservativen mögen teilweise berechtigt sein und ihre Kulturdiagnosen sind vielleicht zutreffender, als viele liberale Intellektuelle gern zugeben möchten. Trotzdem ist die Form ihrer Argumente für Gesetze und Strafen gegen die „Desintegration" der Gesellschaft nicht akzeptabel. Denn dieselbe Form von Argumenten richtete sich in früheren Jahren gegen Homosexualität, ja sogar gegen „moderne" Tänze, Geldspiele, Trink- und Essgewohnheiten etc.

Die Bastion des Liberalismus gegen Konservativismus und Gesetzesmoralismus richtet sich wie gesagt vorwiegend gegen die mißbräuchliche Verwendung des Strafrechts als Instrument zur Verhütung drastischer gesellschaftlicher Veränderungen. Mala fide betrachtet repräsentiert dieser Strafrechtsliberalismus eine orthodoxe Prinzipienreiterei, welche nur unzureichend beachtet, daß gemeinschaftsbezogene Gründe lokaler Art sind und daß es grundsätzlich erlaubt sein sollte, stabile Präferenzen für die Qualität unserer näheren Umgebung mit gesetzlichen Sanktionen zu flankieren.[149] Diese Kritik sollte jedoch nicht davon ablenken, daß die liberale Theorie der moralischen Grenzen des Strafrechts keine allgemeine Staats- oder Gesellschaftstheorie intendiert. Der Staat und die

[149] Vgl. Arneson 1990.

verschiedenen Gruppen und Individuen brauchen nicht zu schweigen, wo sich das Strafrecht nicht einmischen sollte. Liberalismus, so wie ihn John Stuart Mill verstand, bedeutet nicht Indifferenz gegenüber Elend und Mißständen. Daß sich immer mehr Menschen nicht mehr heimisch fühlen in einer rapide sich verändernden Welt, ist Anlaß zu berechtigter Sorge. Gesetze sind ihrer Natur nach „konservativ", d. h. langlebig und schwer zu ändern, doch sie sind nur ein sehr schwaches Korrektiv für Veränderungen zum Schlimmen, die nicht mit anderen politischen Mitteln aufgehalten werden können. Todesstrafe gegen Drogenkriminalität ist z. B. ein Vorschlag, der nicht politischer Weisheit, sondern irrationaler Furcht und einer Ratlosigkeit entspringt – Empfindungen, die uns angesichts der Verbreitung der Drogenkriminalität vermutlich alle gelegentlich einmal befallen.
Die Grenzen eines einseitig individualistischen Liberalismus lassen sich an extremen, aber leider nicht mehr seltenen Beispielen einer wahrnehmbaren Verschlechterung der Atmosphäre in einer Gemeinschaft aufzeigen. Doch ein plausibler Liberalismus wird die Werte der Freiheit und individuellen Unabhängigkeit nicht verabsolutieren. Die Liberalismuskritik muß also – sofern sie sich nicht auf einen exponierten Systematiker wie z. B. Feinberg beziehen will oder kann – gegen konstruierte Modelle, um nicht zu sagen gegen ungeschichtliche Strohmänner ins Feld ziehen.[150] Obwohl Brubaker seine These über die Unfä-

[150] Das trifft auch auf die Ausführungen von Lacey 1988 zu. In diesem Buch werden die Argumente des sog. „communitarism" gegen den Liberalismus kompiliert und gegen liberale Straftheorien ausgespielt. Eine systematische Gegenposition, welche tatsächlich „Neutralismus" gegen „Perfektionismus" vertritt und subtil verteidigt, liegt in Sadurski 1990 vor. Wie weit Mill vom „Neutralismus" und „Skeptizismus" und der angeblich damit verbundenen Legitimationsschwäche eines Teils des

higkeit des Liberalismus, Strafen zu legitimieren, historisch zu dokumentieren versucht, schreckt er nicht davor zurück, Nietzsche als Kronzeugen zu zitieren. Nietzsches Kulturkritik, die der Moderne generelle Unfähigkeit zu strafen attestiert,[151] richtet sich jedoch gegen einen vermeintlichen Trend der christlichen Kultur, der sich in Demokratie, Sozialismus und Anarchismus manifestiert. Unfähigkeit zu strafen ist in Nietzsches Augen nicht ein Proprium des Liberalismus. Von ‚Sentimentalität' gegen Verbrecher finden wir bei Bentham und Mill in der Tat keine Spur.

Der Vorsprung des Liberalismus in bezug auf das Strafrecht liegt in der Einsicht, daß das Strafrecht ein zweischneidiges Schwert ist und selbst im Rechtsstaat nur als eine ultima ratio, aber nicht als alltägliches Instrument zur Stabilisierung oder Reform der Gesellschaft oder zur Durchsetzung von spezifischen Idealen in Aktion treten darf. An diese staatsethische Überlegenheit des Liberalismus – verstanden als Theorie der moralischen Grenzen des Strafrechts – ist immer dann zu erinnern, wenn der Ruf nach Schaffung eines neuen Straftatbestandes oder gar nach der Todesstrafe laut wird.

---

neueren Liberalismus entfernt ist, bekräftigen die zitatgesättigten Ausführungen von Eisenach 1978 und Terchek 1989.

[151] Nietzsche 1980 b, 123.

9. Argumente für und gegen die Todesstrafe

Da es sich bei der Stellungnahme zur Todesstrafe um eine sehr emotional gefärbte Angelegenheit handelt, sollte man in diesem Kontext ganz besonders auf die Güte von Argumenten achten. Allerdings gibt es im Bereich von Ethik und Politik keine „harten Argumente" wie z. B. in der Mathematik. Zu viele empirische Randbedingungen und zu viele Wertgesichtspunkte sind im Spiel. Das zeigt sich gerade an den kasuistisch umstrittenen Themen. Einige Argumente oder Behauptungen, die wie Argumente klingen, sind aber deshalb zu disqualifizieren, weil sie diese Komplexität völlig ausschalten. Weil sie aber trotzdem häufig vorkommen und – entweder in Isolation oder auf undurchsichtige Weise akkumuliert – von Politikern, Journalisten und Organisationen wie z. B. amnesty international verwendet werden, verdienen sie Erwähnung. Das sind zunächst die *reinen Faktenargumente*. Das (vermeintliche) Faktum, daß die Todesstrafe am meisten gefürchtet wird oder die größte generalpräventive Wirkung hat, ist für sich allein genommen noch kein Argument für die Todesstrafe. Umgekehrt sind Statistiken über die rassische Diskrimination oder bewegende Reportagen und autobiographische Berichte über die Leiden in den Sicherheitstrakten von Todeszellen an sich betrachtet keine Argumente für die Abschaffung dieser Strafe. Aus „Sein" folgt kein „Sollen". Nur eine zusätzliche Prämisse – daß z. B. Reduktion von Kriminalität das einzige und höchste Ziel staatlichen Strafens sei und daß dieses Ziel auch keinen sittlichen Einschränkungen unterliege, könnte, zusammen mit der verifizierten Tatsachenbehauptung, das Todesstrafe optimal abschreckend wirkt, ein bündiges Pro-Argument abgeben. Umgekehrt wäre nicht einmal der gelungene Nachweis, daß Todesstrafe eher zu schweren Verbrechen animiert, bereits ein vollständiges Contra-Argument. Wirkungsforschung allein kann also die Frage der Todesstrafe nicht entscheiden; ihre Resultate spielen in verschiedenen normativen Theorien eine unterschiedliche Rolle.

Suspekt sind auch rein normative Argumente, d. h. Argumente, welche ein Ziel oder ein Prinzip für hinreichend halten, um rigorose Stellungnahmen zu begründen. Bei näherem Hinsehen zeigt sich nämlich, daß nur die einseitige Anwendung von Normen (zusammen mit unvollständiger Information über Fakten) zu einer raschen und scheinbar eindeutigen Konklusion führt. Todesstrafe, so wird etwa gesagt, verletze das Prinzip der Heiligkeit allen menschlichen Lebens, sie verletze das unveräußerliche Recht auf Leben, sie sei an sich „grausam und ungewöhnlich“ und sie entwürdige das Opfer und erniedrige den Staat und den Henker. Was die Heiligkeit allen menschlichen Lebens betrifft – ein Prinzip, das sich mit den Mitteln einer säkularen Ethik m. E. nicht aufrechterhalten läßt –, so erstreckt sie sich auch auf das Leben der Opfer von Verbrechen; sollte die Todesstrafe dem Schutz von Leben dienen, so wäre die Berufung auf ein unqualifiziertes Prinzip des Lebensschutzes kein Bollwerk gegen die Rechtfertigung von Hinrichtungen. Ob es ein unveräußerliches Lebensrecht gibt, steht gerade zur Dikussion und kann nicht dogmatisch vorausgesetzt werden. Auch ein Angreifer, der in Notwehr getötet wird, scheint sein Lebensrecht verwirkt zu haben. Eine mögliche Legitimation der Todesstrafe ist die Rechtsverwirkungstheorie.[152]

„Grausam und ungewöhnlich" ist die Todesstrafe als solche nicht notwendig – jedenfalls wenn „Grausamkeit" mit der Zufügung von körperlichen Schmerzen verbunden ist. Diese Adjektive, die in der amerikanischen Diskussion über die Verfassungsmäßigkeit der Todesstrafe eine wichtige Rolle spielen, müssen zunächst interpretiert werden, bevor sie dazu eingesetzt werden, jede Form von Todesstrafe, und nicht lediglich gewisse Prozeduren der Verurteilung und Hinrichtungsarten zu verurteilen. Begriffe wie „Würde" und „Entwürdigung" haben – jedenfalls in ihrem umgangssprachlichen Gebrauch – den Charakter von Leerformeln. Sie werden dazu benutzt (oder mißbraucht), um die Interessen und Ideale verschiedenster Fraktionen zum Ausdruck zu bringen. Die Annahme etwa, die „Arbeit" des Henkers entwürdige diesen, setzt voraus, was zu beweisen ist, nämlich daß das, was er tut, moralisch falsch ist. Entwürdigend ist es, weil es falsch ist, und nicht umgekehrt.

Auf wirksame, aber allzu simple Argumente sollte demnach ganz verzichtet werden. Auch das Argument, Todesstrafe erniedrige bzw. entwürdige das Individuum, wird im Folgenden mit Zurückhaltung beurteilt. Trotzdem sollte meine Stellungnahme gegen die Todesstrafe aus staatsethischen Gründen eindeutig genug sein. Sie bringt einen Gedanken von Walter Benjamin zu Entfaltung, der als Motto vorangestellt wurde. Ein vertretbares Argument

---

[152] Den Versuch einer ethischen Begründung der Todesstrafe nach dem Prinzip der Rechtsverwirkung findet man bei Ermecke 1969 – mit kirchlichem Imprimatur! In seiner Kritik der Todestrafe vertritt dagegen Karl Barth 1951 die umgekehrte Auffassung, Todesstrafe involviere per se völlig Entrechtung, und diese Strafe komme daher einer menschlichen Rechtsgemeinschaft nicht zu. Wesentlich vorsichtiger und ohne Bezugnahme auf Todesstrafe formuliert Christopher W. Morris 1991 die Rechtsverwirkung als teilweise Rechtfertigung der Strafe.

beruht weder bloß auf Fakten noch auf reinen Prinzipien, sondern es kann nur das Resultat eines Abwägungsprozeßes sein.[153]

Die beiden wichtigsten Straftheorien sind der Utilitarismus und der Retributivismus. Ihre Anwendung auf die Todesstrafe soll nun kritisch erörtert werden. Zur Vereinfachung der Darstellung werden wir zunächst gegen die präliminarischen Anforderungen dieses Kapitels verstoßen und so tun, als ließen sich aus diesen beiden normativen Theorien direkte Schlußfolgerungen ableiten. In einem zweiten Schritt werden dann diese voreiligen Schlüsse korrigiert.

Die utilitaristische Rechtfertigung lautet: Die Todesstrafe ist die schrecklichste Strafe, also ist sie auch die abschreckendste Strafe. Zwar ist ihr Preis hoch, aber gegen einen mehrfachen Mörder und gegen gefährliche Wiederholungstäter ist Ausmerzung das notwendige und geringere Übel. Historisch wäre hier anzumerken, daß Bentham zwar ein Gegner der bestehenden Praxis der Todesstrafe war, aber weder die Folter noch die Todesstrafe absolut verurteilte.[154]

Die retributive Rechtfertigung ist ebenfalls einfach und plausibel: Die schwersten Verbrechen verdienen die härte-

---

153 Diese Auffassung vertritt Bedau 1987, 44 f., 238-247; Bedau 1989.

154 Twining und Twining 1974. Bentham geht von der gebräuchlichen Züchtigung von Kindern aus, betont, daß Gefängnisstrafe in mancher Hinsicht schlimmer sei als Folter und daß er, wenn überhaupt, Folter nur in einer Form befürworten würde, in der sie der Gefolterte jederzeit unterbrechen könnte. Allerdings stehen diesem Zusatz die Bedenken gegenüber, daß Folter häufig mit falschen Geständnissen unterbrochen wird. Bentham war auch besorgt um die Einschränkung von Mißbräuchen der Folter und formulierte zu diesem Zweck vierzehn Regeln. Allison 1990, 25 stellt etwas andere utilitaristische Erwägungen über die Folter an. Er zieht die Möglichkeit in Betracht, daß Folter als singuläre Handlung richtig sein könnte und dennoch strafbar bleiben sollte.

sten Strafen. Wenn mehrfacher Mord (und eventuell Landesverrat in Kriegszeiten) das schwerste Verbrechen ist, dann scheint – sofern keine mildernden Umstände dagegen sprechen – Todesstrafe angemessen. Diese Auffassung wird z. B. von Tom Sorell vertreten.[155] Er verdeutlicht nicht nur den Unterschied zwischen dem bloßen Wunsch nach Rache und der Überzeugung, daß jemand eine Strafe verdient, sondern auch den wenig beachteten Unterschied zwischen leichten, aber entwürdigenden, und schweren, aber „ehrenvollen" Strafen.

Oberflächlich gesehen scheinen also beide Theorien die Todesstrafe für besonders schwere Verbrechen zu befürworten. Bei mittleren Verbrechen oder gar geringfügigen Vergehen sprechen beide Theorien, wenn auch aus verschiedenen Gründen, gegen die Todesstrafe. Utilitaristisch gesehen wären drakonische Strafen normalerweise unökonomisch – sie würden mehr Leiden produzieren als verhüten. Für den Retributivisten wären sie himmelschreiende Ungerechtigkeiten, die eine Gesellschaft den verurteilten Individuen zufügt: Sie straft diese mehr, als sie es verdienen.

Bei eingehender Prüfung ergeben sich jedoch zahlreiche Bedenken gegen diese Anwendung der beiden Typen von Argumenten. Beginnen wir zunächst mit dem utilitaristischen Ansatz. Die angenommene besonders abschreckende Wirkung der Todesstrafe ist empirisch nicht nachgewiesen. Arthur Koestler berichtet, daß zur Zeit, als Taschendiebe in England noch hingerichtet wurden, andere Diebe ihre Fingerfertigkeit in der um den Galgen gedrängen Menge ausübten, während ihre Kollegen gehängt wurden. Albert Camus fügt dieser Beobachtung weitere Daten hinzu und schreibt: „Die Angst vor dem Tod ist

---

155 Sorell 1987.

also eine unbestreitbare Tatsache, aber ebenso unbestreitbar ist, daß diese Angst, und mag sie noch so groß sein, noch nie stark genug war, um die Leidenschaften der Menschen einzudämmen.«[156] Selbst aufwendige empirische Untersuchungen über die Wirkungen der Todesstrafe[157] gelangen zu keinen eindeutigen Befunden über die abschreckende Wirkung der Todesstrafe. Kruziale Experimente im großen Maßstab lassen sich im Bereich des Strafrechts nicht simulieren. Übrig bleibt eine eher triviale Argumentation, die besagt, daß schwerere Strafen mindestens einige Verbrechen verhüten müssen, die leichtere Strafen nicht zu verhüten vermögen. Dieses common-sense-Argument richtet sich an den „rationalen" Bürger, der eine klare Präferenz für Strafen hat, die leichter sind als die Todesstrafe.[158] Diese unmittelbar einleuchtende Argumentation läßt sich jedoch leicht widerlegen: Für die abschreckende Wirkung einer Strafe ist nicht nur das Strafmaß verantwortlich, sondern auch die Wahrscheinlichkeit, erwischt und bestraft zu werden; es gibt auch Überdetermination der Abschreckung: Die Aussicht auf eine Ewigkeit in der Hölle ist nicht abschreckender als die auf hundertausend Jahre Höllenpein.[159] Schließlich wäre zu

---

156 Camus 1960, 105.

157 Sellin 1959; Ehrlich 1975; Blumenstein, Cohen und Nagin 1978; Forst 1977; Lester 1979; Phillips 1980; Beyleveld 1982; Hood 1990, Kap. 6.

158 Vgl. Davis 1981.

159 Conway 1974. Ausgangspunkt dieses Dialogs ist das Argument von van den Haag, daß die meisten der zum Tode Verurteilten lebenslange Haftstrafe der Hinrichtung vorziehen. Doch es kann sein, daß jemand zwar A B vorzieht und gleichwohl A als hinreichenden negativen Anreiz empfindet. Unter diesen Umständen bewirkt B eine „Überprävention", die der Utilitarismus strikt ablehnt. Überdies ziehen Bewohner von Todeszellen die Exekution nicht der sicheren Zuchthausstrafe, sondern der „psychischen Folter" der Ungewißheit vor. Ihre Situation unterscheidet sich also grundlegend von jener für Verurteilte, welche zum vornherein die Option zwischen Exekution oder Freiheitsstrafe (oder Exil) haben.

fragen, ob das reale Strafmaß nur auf rationale Akteure oder auf durchschnittliche Akteure (die z. T. irrationalen Motiven gehorchen) abschreckend wird. Plausibel ist nur eine Abschreckungstheorie, die sich auf die faktischen Motive bezieht.

Diese Unterscheidung macht sich John Stuart Mill zunutze. Mill,[160] der Benthams Devise übernimmt, begrüßt die Todesstrafe, weil sie den meisten schrecklicher erscheine, als sie für die Verurteilten tatsächlich sei; immerhin sei Todesstrafe das geringere Übel als in lebenslänglicher Haft lebendig begraben zu werden. Wichtig ist, daß Mill auf die faktische Todesangst abstellt, und nicht auf rationale Präferenzen. Seine Überlegung läßt sich folgendermaßen dramatisieren: Nehmen wir an, es gibt einen Indianerstamm, dessen Mitglieder nichts mehr fürchten als photographiert zu werden. Nach ihrer religiösen Vorstellung führt das Photographiertwerden zum Verlust der Seele. Die Androhung des Todes am Marterpfahl mag sie jedoch nicht zu beeindrucken. In einem solchen Stamm wäre es nach utilitaristischen Prinzipien legitim, Schwerverbrechern mit der Strafe des Photographiertwerdens zu drohen, während bei geringeren Verbrechen oder mildernden Umständen der Tod am Marterpfahl angemessen wäre. Angewendet auf unsere Verhältnisse kann das bedeuten, daß die Todesstrafe deshalb abschreckend wirkt, weil die meisten Menschen panische Angst vor dem Tod haben, obwohl der Tod etwas ist, vor dem man sich rationalerweise (kaum) fürchten muß.[161]

Mills Argument ist jedoch nicht stichhaltig. Denn der

---

[160] Mill 1868.

[161] Die Lehre „Der Tod ist nicht so schlimm, Dummkopf!" ist arg paternalistisch, insbesondere dann, wenn die Kompetenz zur Verwandlung von Todesstrafe in Gefängnisstrafe nicht dem Verurteilten, sondern einer anderen Instanz überlassen wird.

Nachweis, daß (intensive) Todesangst irrational sei – ähnlich irrational wie die Angst der Indianer vor dem Photographiertwerden – ist ihm nicht gelungen. Überdies stellt Mill seine Zuhörer vor eine falsche Alternative: Einerseits ist der Vergleich mit dem Lebendig-Begraben-Werden selbst für seine Zeit eine Übertreibung; andererseits drängt eine utilitaristische Politik in Richtung von Reformen des Strafvollzugs. Wäre lebenslängliche Inhaftierung unter allen Umständen nicht besser als Lebendig-Begraben-Werden, dann hätten diese Reformen keinen Sinn, dann müßte im Gegenteil der Strafvollzug so hoffnungslos und karg wie nur immer möglich bleiben. Von Fernsehen und Fußballspiel im Hof wäre z. B. abzusehen. Die Freiheitsstrafe müßte, um tatsächlich schwerste Strafe zu sein, eine permanente erzwungene Askese involvieren. Die Abgrenzung gegen Folter wäre damit nicht mehr gewährleistet.

Was noch viel schwerer wiegt, sind die vielfach dokumentierten Qualen der zum Tode Verurteilten in ihren Todeszellen.[162] Diese Fakten und das daraus entstehende Mißverhältnis von Leidenszufügung und Wirkung läuft der Devise Benthams zuwider, wonach der scheinbare Wert der Strafe (ihre abschreckende Wirkung auf Dritte) wichtiger ist als ihr tatsächlicher Wert (das vom Verurteilten erlittene Übel). Obwohl Mill diese Devise übernimmt, wendet er sie m. E. falsch an.[163]

---

[162] Vgl. Johnson 1981, 1989.

[163] Vgl. Wolf 1990 a. Wiederholte Bezugnahmen auf Mills Argumente in van den Haag u. Conrad 1986, 190 f., 191 Anm., 195, 197, 258. Mills Argumente, Todesfurcht sei irrational, Todesstrafe nichts als „hasten death", sie bestehen in „consigning man to the short pang of a rapid death", und der europäische Trend zu milderen Strafen sei ein Symptom der „Effeminierung", sind halsbrecherisch und bestätigen Conrads Kommentar: „Surely Mill was not at his best in this debate – even though his side won decisively." (191 Anm.) Die zentrale Schwäche von Mills

Eine mögliche abschreckende Wirkung der Todesstrafe wird infolge des Ausschlusses der Öffentlichkeit von der Exekution zunichte gemacht. Camus hat auch diese Ungereimtheit eindrücklich beschrieben. „Wenn die Strafe abschreckend wirken soll, muß man nämlich nicht nur mehr Fotos verbreiten, sondern die Maschine um zwei Uhr nachmittags auf einem Blutgerüst in der Mitte der Place de la Concorde aufstellen, die ganze Bevölkerung einladen und die Zeremonie für die Abwesenden im Fernsehen übertragen. Ist man dazu nicht bereit, soll man nicht von Exempel reden."[164] Nach Camus ist die Hinrichtung „ein brutaler chirurgischer Eingriff unter Bedingungen, die ihn jeglicher belehrender Wirkung berauben".[165] Von Richter Falco zitiert er den Ausdruck „Administrativmord"; dieser hat nichts mehr gemeinsam mit dem „Theater des Schreckens",[166] das der Strafvollzug einst geboten hat. Die moderne Konsequenz eines aufrichtigen Glaubens an die abschreckenden Wirkung der Todesstrafe wäre die Fernsehübertragung aller Exekutionen. Sie würde die meisten Leute erreichen.[167] Daß diese Konsequenz nicht gezogen wird, dürfte ein Indiz dafür sein, daß der Glaube an die abschreckende Wirkung wackelig oder unaufrichtig ist, oder daß die spektakuläre Verwendung von Menschen als Schau- und Abschreckungsobjekten als anstößig, ja vielleicht sogar als ungerecht empfunden wird.

Was nach den Gesichtspunkten, die Bentham geltend macht, gegen die Todesstrafe spricht, ist ihre Unwiderruf-

Beweisführung besteht allerdings in der Annahme, Todesstrafe sei zwar milder, aber gleichwohl abschreckender als lebenslängliche Zuchthausstrafe.

[164] Camus 1960, 97 f.

[165] Ebd. 101.

[166] van Dülmen 1988.

[167] Leder 1980, 254 f.

lichkeit.[168] Diese ist allerdings auch im retributiven Schema ein schwerwiegender Grund. Wird Strafgerechtigkeit u. a. als Rückzahlung oder Wiederherstellung eines Gleichgewichts verstanden, so ist der tödliche Justizirrtum das Ende aller möglichen Kompensation bzw. Restitution.

Die „Vergeltungstheorie" beansprucht – im Gegensatz zum Utilitarismus – den Respekt vor der Autonomie des Täters zu wahren. Im Unterschied zum primitiven Vergeltungsdenken orientiert sich der klassische Retributivismus am Verschuldensprinzip. Selbst der schlimmste Verbrecher darf nicht nur als Mittel zum Zweck der Abschreckung anderer behandelt werden, sondern er muß immer auch als Zweck respektiert und deshalb nach seinem Verschulden bestraft werden. Ist es aber möglich, ein Individuum als Zweck zu respektieren und es gleichzeitig der Todesstrafe zu unterwerfen?

Ja, könnte man sagen. Denn selbst der schlimmste Verbrecher wird noch als zurechnungsfähiges Wesen ernst genommen und nicht etwa als „krankes Monstrum" pathologisiert.[169] Wer sich aber frei zum schlimmsten Verbrechen entscheidet, muß auch die schwerste Strafe ertragen,

---

[168] Unwiederruflichkeit sollte nicht mit Nicht-Kompensierbarkeit verwechselt werden. Auch eine lange Freiheitsstrafe läßt sich nicht hinreichend kompensieren; doch im Unterschied zum Hingerichteten bleiben dem (oder der) unschuldig Eingesperrten die Chance der unvollkommenen Kompensation und die Genugtuung einer völligen Rehabilitation. Im schwachen Sinn von Unwiderrufbarkeit läßt sich kein vergangenes Ereignis widerrufen. Im starken Sinne von Unwiderrufbarkeit sind nur Entscheidungen unwiderrufbar, welche irreversible und unersetzbare Veränderungen einleiten.

[169] So läßt sich die zunächst befremdliche Rede vom Recht des Täters auf Bestrafung verstehen: Wir haben ein Recht auf irgendein System von Strafe, wenn die einzige Alternative dazu Therapie wäre. Dieses Recht auf Bestrafung ist zugleich das Recht, nicht zu einer Therapie gezwungen zu werden. Vgl. Morris 1976, 44. Zur Kritik vgl. Deigh 1984.

nämlich Todesstrafe. Entsprechend zu den Graden der Freiheit gibt es Abstufungen von legalen Entschuldigungen. Der Täter muß nicht absolut (in einem akausalen Sinne) frei sein. Für Kant ist etwas entweder verursacht oder frei; er kennt keine Abstufungen, wonach etwas mehr oder weniger frei wäre. Freiheit ist für ihn der Oppositionsbegriff zu Kausalität (und nicht etwa zu Zwang oder zu „innerer Blockierung") und daher kein graduierbarer Begriff. Der Täter ist, wenn er überhaupt frei ist, absolut frei, d. h. voll und ganz verantwortlich. So gesehen ist es nicht weiter verwunderlich, daß Kant geradezu enthusiastisch für die Todesstrafe gegen Mörder eintritt. Er schreibt:

„Hat er aber gemordet, so muß er *sterben*. Es gibt hier kein Surrogat zur Befriedigung der Gerechtigkeit. Es ist keine *Gleichartigkeit* zwischen einem noch so kummervollen Leben und dem Tode, also auch keine Gleichheit des Verbrechens und der Wiedervergeltung, als durch den am Thäter gerichtlich vollzogenen, doch von aller Mißhandlung, welche die Menschheit in der leidenden Person zum Scheusal machen könnte, befreieten Tod."[170]

Eine Überbetonung der expressiven Funktion der Strafe[171] könnte das Argument zugunsten der Todesstrafe noch verstärken, denn ihre besondere symbolische Kraft als Ausdruck moralischer Verdammung bleibt unbestritten. Beccarias humanitäre Bedenken gegen die Todesstrafe hat Kant schroff zurückgewiesen.[172]

---

170 Kant 1797, in: Kant 1907/1914, 333.

171 Feinberg 1970, 103 f. wirft Kant vor, daß er den Symbolismus der Strafe auf charakteristische Weise übertreibe; bei Nicht-Bestrafung von Mördern werde die Gesellschaft nach Kant gleichsam zum particeps criminis. Feinberg (110) verweist auch auf den Symbolismus der verschiedenen Hinrichtungsarten: Enthauptung für den hohen Adel, Hängen für kleine Landsgutbesitzer und Verräter, Verbrennung für Häretiker etc.

Kants Plädoyer für die Todesstrafe ist jedoch unhaltbar. Zwar ist die Formel, jede Person sei auch als Zweck zu respektieren, eine Leerformel, die nicht exakt angibt, wo die Grenze zwischen Respektierung und bloßer Instrumentalisierung von Menschen liegt. Abgesehen von dieser Unsicherheit können wir jedoch festhalten: Wenn die Formel zumindest einen vagen Sinn hat, dann sind, wenn überhaupt etwas, Folter und vorsätzliche Tötung eines Wehrlosen durch eine Übermacht eindeutige Instanzen der Verletzung der individuellen Menschenwürde.[173] Und selbst wenn es einem Verurteilten gelingt, bei der Exekution „würdig" zu bleiben, verlieren nicht der Henker und sein Auftraggeber, der Staat, ihre Würde?[174] Noch unverständlicher ist es, daß Kant sogar Kastration als Strafe für Vergewaltigung und Päderastie und Ausstoßung aus der Gesellschaft als Strafe für Bestialität (Unzucht mit Tieren) für mit der Forderung der Achtung vor Personen vereinbar hält.

Ernest van den Haag bleibt unbeeindruckt vom Appell an die „Wehrlosigkeit" des Gefangenen: „Wir richten einen wehrlosen Mörder hin, weil er ein wehrloses Opfer tötete.

---

[172] Kant 1797, 334 f.

[173] Auch das läßt sich bestreiten, was ein Indiz dafür ist, daß die Rede von Menschenwürde Leerformelcharakter hat. Denn ein Verbrecher kann z. B. auf seiner (raschen) Exekution insistieren; er kann die Todesstrafe für ehrenvoller halten als lebenslängliche „Käfighaltung"; oder er kann sein Ende als „Heldentod" empfinden. Vielleicht wird er die Todesstrafe als Anerkennung seiner Gefährlichkeit schätzen. Allerdings bilden solche Typen unter den zum Tode Verurteilten die Ausnahme; die Mehrheit will der Exekution um jeden Preis entkommen. Diese Präferenz wird erst von ungewissen Ausharren im Todestrakt zeitweise gebrochen; die seelische Folter der Ungewißheit kann Menschen dazu bringen, ihre rasche Exekution zu verlangen.

[174] Vgl. das Streitgespräch über das Beispiel einer „würdigen Exekution" in van den Haag und Conrad 1983, 194, 196. Meine rhetorische Frage soll daran erinnern, daß „Würde" ein schillernder Begriff ist.

Er hätte diese Handlung und ihre Konsequenzen unterlassen können. Sein Opfer konnte es nicht vermeiden, ermordet zu werden. Daß er nun wehrlos ist, gibt keinen Grund ab, den Mörder, der wußte, daß seine Handlung mit dem Tod bestraft würde, nicht hinzurichten. Strafe ist nicht eine Form von fairem Kampf; es ist Strafe.«[175]

Die symbolische Bedeutung der Todesstrafe als totalem Verfügungsrecht der Obrigkeit über ihre Untertanen ist jedoch evident. Hugo Bedau, einer der führenden Analytiker und Kritiker der Todesstrafe in den USA, mißt dieser symbolischen Bedeutung der Todesstrafe, die darin besteht, daß die totale Aktivität der Staatsmacht die totale Passivität des zum Tode Verurteilten bewirkt, größte Bedeutung zu.[176] Bedaus Argument besagt jedoch nicht, die Todesstrafe sei eine unfaire Kampfführung, sondern sie repräsentiere symbolisch die äußerste Unterwerfung von Leib und Leben unter den Staat. Van den Haags Einwand trifft ihn also nicht. Dieser verschweigt überdies, daß Opfer zuweilen eine bessere Chance zur Notwehr haben als Insassen einer Todeszelle.

Bedau bestätigt mit seinem Argument der totalen Unterwerfung die eminente Bedeutung des Machtsymbolismus der Todesstrafe, den übrigens bereits Cesare Beccaria diagnostiziert hat.

Was müssen die Menschen denken, wenn sie sehen, wie weise Amtspersonen und ernste Priester der Gerechtigkeit mit gleichgültiger Ruhe unter feierlichen Zurüstungen einen Schuldigen zur Hinrichtung schleppen und wie der Richter, während ein elender Mensch in der Erwartung des tödlichen Streiches die letzten Ängste aussteht, mit unempfindlicher Kälte und vielleicht sogar mit geheimem Gefallen an der eigenen Autorität davongeht, die Annehmlichkeiten und die Lust des Lebens zu genies-

---

[175] van den Haag und Conrad 1983, 260.

[176] Bedau 1987, 124.

sen? *Ach*, werden sie sagen, *diese Gesetze sind nichts anderes als der Vorwand der Macht; und die überlegten und grausamen Förmlichkeiten der Justiz, sie sind nur die Sprache einer Übereinkunft zu dem Zwecke, uns mit größerer Sicherheit als die für das unersättliche Idol des Despotismus bestimmten Opfer abzuschlachten.*[177]

Ein weiterer Einwand gegen die retributive Forderung „schwerste Strafe für schwerste Verbrechen" ergibt sich daraus, daß zu den schwersten Strafen nicht nur die Todesstrafe, sondern auch die Folter gehört. Das Argument enthielte demnach auch einen Grund zur Wiedereinführung der Folter. Doch diese Schlußfolgerung gilt selbst vielen Befürwortern der Todesstrafe als unannehmbar.
Die Todesstrafe ist ein Relikt der peinlichen Strafen und gehört somit einer vergangenen Epoche an, in der die Rechte des Individuums nicht oder nicht adäquat beachtet wurden. Der Leib wurde als Objekt der peinlichen Befragung gedeutet. Nicht zufällig tritt die Todesstrafe zumeist in Verbindung mit der Folter auf.
Der Hinweis auf die Assoziation von Todesstrafe und Folter vermag jedoch nicht restlos zu überzeugen, richtet er sich doch lediglich gegen die zufälligen historischen Umstände und die Art des Vollzugs der Todesstrafe als

[177] Beccaria 1764, dtsch. 1966, 131. Beccarias Argument gegen die Todesstrafe war hauptsächlich vertragstheoretischer Natur: Der Bürger soll im (fiktiven) Gesellschaftsvertrag dem Staat nicht mehr als jene Rechte abtreten, deren Suspendierung für den sicheren Bestand eines Staatswesens erforderlich sind; dazu gehören zwar das Recht auf Gewalt, aber nicht das Recht auf Leben. Diese Theorie „vom Ursprung des Staates aus Minimalportionen von Freiheitsverzichten" (Julius Ebbinghaus) kombiniert er mit der Lehre von der Unveräußerlichkeit des Rechts auf Leben. Aus dieser Doktrin folgt das sittliche Verbot des Suizids. Kant, selber ein scharfer Gegner des Suizids, mußte sich von Beccarias Überlegungen provoziert fühlen. Vgl. Kant 1797, in: Kant 1907/1914, 333. Näheres dazu bei Radbruch 1973, § 23; Ebbinghaus 1968, 36 ff., 91-104; Primoratz 1978 b.

barbarische Körperstrafe. Doch unter der Voraussetzung, daß sich Folter und Todesstrafe völlig trennen lassen und Todesstrafen nur vollzogen werden 1) nach einem fairen Prozeß, 2) gegen schwerste Verbrechen, 3) schmerzlos[178] und 4) mit einer möglichst kurzen Zeitspanne zwischen Verhaftung und Urteilsspruch sowie zwischen Urteilsspruch und Vollstreckung, ist Todesstrafe legitim und zumindest nicht offensichtlich erniedrigend.[179]

Die letztgenannte Forderung nach einer raschen Urteilsfindung und Vollstreckung steht allerdings im Konflikt mit der Forderung einer Frist zur Berufung und Vermeidung von Justizirrtümern, die überdies die Hintertür der Begnadigung offen hält. Was schwerer wiegt: Bei den genannten Postulaten handelt es sich um ideale Bedingungen, die noch ergänzt werden müßten um Forderungen der sozialen Gerechtigkeit bei der Fahndung und Ahndung von Verbrechen, der Gleichbehandlung vor dem Gericht sowie gleicher Haftbedingungen.

Selbst wenn diese Bedingungen alle vollständig erfüllt wären (und z. B. nicht prozentual mehr Schwarze als Weiße, mehr Arme als Reiche, mehr Ungebildete als Gebildete etc. zum Tode verurteilt würden),[180] bliebe immer noch die Frage offen, ob die gesetzlich geregelte und demnach mit institutioneller Übermacht vollzogene, hochrituelle

---

178 Schmerzlosigkeit läßt sich nicht garantieren! Am 5. Mai 1990 wurde im Staatsgefängnis von Florida bei Starke ein Mörder auf einem defekten elektrischen Stuhl hingerichtet. Als der maskierte Henker den ersten Stromstoß gab, schlugen 15 Zentimeter lange Flammen und Funken aus dem von einer Maske abgedeckten Gesicht und Kopf des Verurteilten. Auch Rauch stieg auf. Erst sechs Minuten später war der Mann tot. Die Notiz war am 7. Mai 1990 in der „Neuen Zürcher Zeitung“ zu lesen.

179 Und selbst wenn Todesstrafe erniedrigend wäre, so müßte natürlich dafür argumentiert werden, daß es nie und unter keinen Umständen moralisch erlaubt ist, einen Übeltäter zu erniedrigen.

180 Vgl. Nakell und Hardy 1987.

Tötung von Gesetzesbrechern keine verdeckte Form des Menschenopfers bleibt, das sowohl der säkularen Staatsauffassung (wonach der Staat weder Moloch noch Leviathan, sondern eine menschliche Schutzvereinigung darstellt) als auch den Standards einer zivilisierten Humanität widerspricht. Leider hat auch die christliche Tradition einem sakralen Staatsverständnis eher Vorschub geleistet.[181] Der Liberalismus und später der Anarchismus entmythologisieren den Staat. Der Kampf gegen die Todesstrafe wurde aus dem Liberalismus geboren und richtete sich gegen die Politik eines nominell christlichen Europas.[182]

Zwar hat noch Locke die Staatsmacht als Recht auf Gesetzgebung mit Todesstrafe *definiert*.[183] Doch diese Auffassung von Staatsmacht besiegelt ein unheilvolle und bis ins 20. Jahrhundert vielfach mißbrauchte Doktrin, die dem Staat das Privileg des vorbedachten Mordes vorbehält. „Aber was ist die Hinrichtung denn anderes als der vorbedachteste aller Morde, mit dem keine noch so berechnete Untat eines Verbrechens beglichen werden kann?“[184] Der Atheist Camus ist der Auffassung, daß das Recht auf ein unwiderrufliches Urteil nur einem absolut unschuldigen Richter, nämlich Gott, wenn es ihn gäbe, zustehen würde, daß aber keine Gesellschaft völlig unschuldig sei. Dieses Argument hat solange Überzeugungskraft, als nicht nachgewiesen werden kann, daß die Todesstrafe die einzige

---

[181] Zur theologischen Selbstkritik vgl. Geiger in: Geiger, Saner und Stratenwerth 1978, 11-33; Bondolfi 1990, 107-148. Besonders lesenswert bleibt Barth 1951, der die Abschaffung der Todesstrafe christologisch begründet: Mit dem Tod Jesu ist die Sühne für alle menschliche Übertretung bereits geleistet. Daraus folgt, daß von Menschen vollstreckte (Todes-)Strafe als gerechte Vergeltung nicht mehr nötig ist (506).

[182] Berns 1979, 15.

[183] Locke 1980, 98.

[184] Camus 1960, 112.

Verteidigungsmaßnahme der Gesellschaft gegen ihre „Feinde“ ist. Denn das Recht auf Notwehr, wenn es sich begründen läßt, setzt nicht voraus, das jene, die sich seiner bedienen, moralisch unschuldig sind.

Schließlich soll noch ein drittes Argument erwähnt werden, nämlich die Behauptung, die Todesstrafe verweigere dem Delinquenten die letzte Gelegenheit zur Sühne. Das Argument findet sich bei Fichte[185] und ist deshalb aufschlußreich, weil Fichte Kants Retributivismus übernimmt, aber aus ihm entgegengesetzte Schlußfolgerungen zur Todesstrafe zieht. Die Beurteilung des Arguments der Sühneverhinderung mag dahingestellt bleiben. Es bleibt interessant zu beobachten, daß sich im Lager der beiden Rechtfertigungstheorien sowohl Anhänger als auch Gegner der Todesstrafe finden. Auf eine ähnliche Konstellation treffen wir im Verhältnis von Bentham und Mill. Während Bentham der erste Utilitarist und einer der eifrigsten Gegner der Todesstrafe war, hat Mill – trotz seiner Verbundenheit mit dem Utilitarismus – die Todesstrafe als symbolisch wirksame und abschreckende Strafe für schwerste Verbrechen befürwortet.

Die verfügbaren Argumente aus dem Repertoire des Utilitarismus und des Retributivismus reichen zwar nicht aus zur Begründung der sittlichen Verwerflichkeit der Todesstrafe unter allen Bedingungen. Absolute sittliche Verbote lassen sich vielleicht überhaupt nicht rational begründen. Im Krieg, auf hoher See und in anderen Ausnahmesituationen – man denke etwa an die Hinrichtung eines Diktators – mag es besondere Gründe zur Beibehaltung der Todesstrafe geben.[186] Es gilt jedoch zu beachten, daß es

[185] Fichte 1793, 80 Anm. und Fichte 1812, 42 f.

[186] Engisch 1967. Da solche Exekutionen gewöhnlich ohne rechtsstaatliches Verfahren stattfinden, haben sie eher den Charakter des Tyrannenmordes als einer Strafe.

beim Tyrannenmord oder der „Notexekution" – außer im Kriegsfall – nicht der Staat ist, der zur Strafe autorisiert wird – wenn man überhaupt von „Autorisierung" sprechen will. Doch das sind Ausnahmezustände, die sich von einer Staatsordnung in Friedenszeiten unterscheiden.

Walter Benjamin schreibt: „Die Tötung des Verbrechers kann sittlich sein – niemals ihre Legitimierung."[187] Diese Sentenz läßt sich folgendermaßen interpretieren: Selbst wenn es gerecht und gut wäre, daß gewisse Menschen den Tod fänden, selbst wenn es einen solid begründeten Konsensus darüber gäbe, daß gewisse Täter den Tod verdienen oder nur mit dem Tod unschädlich gemacht werden könnten – selbst dann wäre es noch nicht ausgemacht, daß dieses Recht zur Todesstrafe einer Person oder einem Staat übertragen werden sollten. Es gibt u. U. keine legitime weltliche Instanz zur Verhängung der Todesstrafe. Diese Anregung von Walter Benjamin läßt sich weiter explizieren. Die ungewöhnliche, aber wirksame Argumentationsstrategie besteht darin, daß man den moralischen Befürwortern der Vergeltung schlimmster Verbrechen durch schlimmste Strafen völlig zustimmt und gleichwohl für die Abschaffung der Todesstrafe argumentiert. Denn daß der Vergeltung freier Lauf gelassen und daß der Staat mit massiver Vergeltung beauftragt wird, stößt ja auch beim Verbot der Folter oder der mehrfachen Exekution auf moralische Grenzen.[188]

In dieser Argumentationsstrategie, die Jeffrey H. Reiman anwendet, spielt der Zivilisationstrend eine gewisse Rolle. Reiman stützt sich auf die Studien von Durkheim über „Die beiden Gesetze einer Evolution der Strafe".[189] Die

[187] Benjamin 1928 in: ders. 1972, 138.
[188] Vgl. Reiman 1985.
[189] Durkheim 1901a; vgl. Durkheim 1973; Lukes und Scull 1983, 102-132; Lukes 1985, 257-265, 567.

beiden „Gesetze“ lauten: „Die Intensität ist größer, je mehr sich Gesellschaften einem weniger entwickelten Typus annähern – und je mehr die zentrale Macht einen absoluten Charakter annimmt ... Freiheitsentzug, und Freiheitsentzug allein, die gemäß der Schwere des Verbrechens zeitlich variiert, wird tendenziell mehr und mehr das normale Mittel der sozialen Kontrolle.“ Im Vordergrund von Durkheims Studie steht nicht die materielle Zivilisation oder gar die Verbreitung eines „american way of life“, sondern die seit dem 17. Jahrhundert registierbare Erhöhung der Empfindlichkeitsschwelle[190] in bezug auf eigene Leiden und die Leiden anderer – also jene Entwicklung, die von Mill und Nietzsche in perverser Rhetorik als „Effeminierung“ denunziert wird. Dieser Trend ist zwar nicht frei von Rückschlägen oder gar normativ-zwingend. Aus der Tatsache, daß eine Entwicklung stattfindet, kann nicht logisch geschlossen werden, daß sie stattfinden soll. Doch daß sie stattfindet, erleichtert und begünstigt den politischen Verzicht auf eine Strafe, die als „Horror“ empfunden wird, wenn sie nicht nachweisbar und ohne Alternative optimal der Sicherheit der Bürger dient und wenn der Verzicht darauf, was gerechterweise verdient wäre, selber keine Ungerechtigkeit ist. Reiman nimmt die lex talionis ernst. Wir müssen ihm darin nicht folgen, doch ist es interessant, pro arguendo die lex talionis zu akzeptieren. Sie fordert Blut für Blut, Verstümmelung für Verstümmelung, Vergewaltigung für Vergewaltigung etc. Selbst wenn Folter und Todesstrafe prima facie gerecht wären, gibt es doch zumindest im Falle der Folter oder der Androhung von Vergewaltigung gegen Vergewaltiger

[190] Ein Ausdruck, der von Norbert Elias verwendet wird. Zur Bedeutung von Elias’ Zivilisationstheorie zur Erklärung der Genealogie „zivilisierterer“ Sanktionen vgl. Garland 1990, Kap. 10.

andere, weitgehend anerkannte moralisch relevante Gründe, auf die Ausübung von Strafgerechtigkeit zu verzichten. Die Ausübung eines Rechts braucht pro tanto nicht moralisch richtig zu sein. Der Verzicht auf die Anwendung der lex talionis ist also nicht notwendig eine ungerechte Entscheidung. Ein moralisch relevanter Grund gegen die Anwendung grausamer Körperstrafen besteht in der Rücksichtnahme auf die zivilisierten Präferenzen gegen Schmerzen, verlängerte Todesangst und Grausamkeit. Was Reiman allerdings ausklammert, ist die Tatsache, daß parallel zur geringeren Schmerz- und Leidenstoleranz auch die Optionen des Suizids und der (aktiven) Euthanasie erneut diskussionswürdig werden.[191] Damit rückt die optionale Todesstrafe in den Horizont der Zivilisierung des Strafrechts. Wäre es z. B. nicht ein Fortschritt, die Todesstrafe für Landesverräter in Kriegszeiten zu ersetzen durch die Option, entweder den Giftbecher auszutrinken oder ins Exil zu gehen?
Neben den moralischen Argumenten, welche gegen eine Autorisierung des Staates zur Todesstrafe sprechen, sind jene Argumente nicht zu unterschätzen, welche die Todesstrafe als zwecklos, wirkungslos und daher „unklug“ erscheinen lassen.[192] Die Todesstrafe ist – unter den gesetzlich vorgeschriebenen Sicherheitsmaßnahmen – nicht billiger und nicht sicherer als die Haftstrafe, und ihr Symbolismus dient letztlich eher dem Macht- und Prestigebedürfnis politischer Eliten als dem Vergeltungsbedürfnis des Pöbels.

---

[191] Vgl. Wolf 1990 d; 1991 a und 1991 b.
[192] Satre 1975.

10. Todesstrafe in den USA

Mit der irritierenden Ausnahme der USA wurde die Todesstrafe in den meisten nicht-diktatorischen Ländern zumindest für Friedenszeiten abgeschafft. Die meisten Ländern, in denen grobe Menschenrechtsverletzungen die Ausnahme sind, können auch als Staaten gelten, die ohne Todesstrafe auskommen. Es gibt also genügend Vorbilder für Staaten, die das Schreckgespenst der Anarchie ohne Todesstrafe zu bannen wissen und in denen Mörder und andere Schwerverbrecher gleichwohl schwer bestraft werden. Damit wird die *Wiedereinführung* der Todesstrafe in einem höherem Maße problematisch. Denn zur Begründung einer Wiedereinführung der Todesstrafe in einem Land, das gelernt hat, seine Kriminalität mit „zivilisierteren" Methoden zu bekämpfen, sind stärkere Argumente erforderlich als für eine Beibehaltung. Zur politischen Durchsetzung einer Wiedereinführung der Todesstrafe sind nicht nur stärkere Argumente, sondern auch besondere politische Motive und Kräfte erforderlich. Folglich sollte das „zivilisiertere" Stadium der Justiz, das erreicht wird, wenn über längere Zeit auf Exekutionen verzichtet oder die Todesstrafe völlig abgeschafft wird, nicht mehr preisgegeben werden. Die Abschaffung der Todesstrafe ist, wie die Abschaffung der Folter und anderer extremer Formen der staatlichen Repression, ein Signum der Zivilisation.

Umso erklärungsbedürftiger ist die Pendelbewegung in den USA, die parallel verläuft zur Liberalisierung und anschließenden Zurücknahme einer liberalen Regelung des Schwangerschaftsabbruchs. Von 1965 bis 1980 herrschte ein Moratorium für die Exekution von Todesstrafen. Seit 1967 galt ein Vollstreckungsstop. In *Furman v. Georgia* (1972) verfügte der Oberste Gerichtshof der USA mit einem knappen fünf-zu-vier-Beschluß die Verfassungswidrigkeit aller bisher gefällten Todesurteile. Sie seien „grausam und ungewöhnlich" und verstießen damit gegen den 8. und 14. „Zusatz"[193] der US-Verfassung. Der 8. Verfassungszusatz verbietet „grausame und ungewöhnliche Strafe"[194]; nach dem 14. Zusatz ist der Staat verpflichtet, „keiner Person ohne ordentliches Gerichtsverfahren nach Recht und Gesetz, Leben, Freiheit oder Eigentum zu nehmen und niemandem innerhalb seines Hoheitsgebiets den gleichen Schutz des Gesetzes zu versagen".

Im Zentrum der Kritik steht der unbegrenzte Ermessensspielraum der Richter und Geschworenen, der bei der Verhängung von Todesurteilen zu einer willkürlichen und unberechenbaren Rechtssprechung geführt habe. Alle bisherigen Todesurteile gelten ab sofort als verfassungswidrig. Doch die Begründungen der Mehrheitsmeinung sind von Richter zu Richter verschieden, und es bleibt unklar, ob die Todesstrafe per se oder nur die willkürlich verhängte Todesstrafe betroffen ist. Vorübergehend war damit die Todesstrafe für das ganze Bundesgebiet aufgehoben. Innerhalb der nächsten vier Jahre wurden allerdings in 30 Staaten – seither sind es 37 – neue oder revidierte Gesetze zur Todesstrafe erlassen. Im Entscheid *Gregg v. Georgia*

---

[193] In den Zusätzen (Amendments) finden sich die wichtigsten Grund- und Freiheitsrechte. Die ersten zehn Zusätze wurden zur „Bill of Rights" zusammengefaßt.

[194] Der achte Verfassungszusatz lautet: „Excessive bail shall not be required, nor excessive fines imposed, nor cruel an unusual punishments inflicted."

(1977) wurde *Furman v. Georgia* relativiert, wenn nicht sogar rückgängig gemacht. Das höchste Richtergremium erlaubte nun einzelnen Staaten, die Todesstrafe bei Mord wieder einzuführen, wenn bestimmte, vom Obersten Gerichtshof festgelegte Richtlinien eingehalten werden. Nicht die Todesstrafe per se, sondern ihre prozeduralen Unzulänglichkeiten und ihre unverhältnismäßige Anwendung gelten fortan als verfassungswidrig. In der Gesetzgebung nach *Furman* wurde – jedenfalls dem Anspruch nach – auf die Verfassungsmäßigkeit dieser Gesetze geachtet. Doch Verstöße gegen das Diskriminationsverbot sind notorisch.

Ist die Todesstrafe ungerecht, weil sie diskriminierend ist? Ernest van den Haag hat diese Frage verneint. Das Argument gegen die Todesstrafe wäre plausibler, wenn die selektiv Verurteilten nicht schuldig wären. Das Argument, daß einige Schuldige der Gerechtigkeit entkommen, ist kein Argument dafür, die Gefaßten laufen zu lassen, sondern mehr Schuldige zu fassen.[195] Da alle Strafen bis zu einem gewissen Maße unvermeidbar diskriminierend sind, wäre das ein Argument gegen jeden Strafvollzug. Folgerichtig müßten wir selbst jene wenigen „Unglücklichen", die gefaßt und verurteilt werden, laufen lassen – und zwar nicht nur jene, die zum Tode verurteilt wurden. Das Argument von van den Haag ist polemisch, denn es geht nicht um die Alternative Todesstrafe oder Laufenlassen. Er scheint grundsätzlich zu übersehen, daß es Ungerechtigkeit auf zwei Ebenen gibt: Auf der Ebene der Bestrafung Unschuldiger und auf der Ebene der Selektion unter jenen, die Strafe verdienen. Er ignoriert weiterhin, daß wir eine Justiz, welche nicht nur nach dem Zufallsprinzip, sondern als Resultat (bewußter oder unbewußter)

---

[195] van den Haag in: Bedau 1982, 305.

Diskrimination selektiv operiert, mit moralisch triftigen Gründen als ungerechter einstufen und daß diese Ungerechtigkeit gegen sozial Benachteiligte und Unterprivilegierte gleichsam akkumuliert wird durch die Unwiderruflichkeit und Härte der Todesstrafe.[196] Diskrimination in der Todesstrafe ist moralisch gravierender als Diskrimination in der Ahndung von Vermögensdelikten.

Zu den Beschlüssen, welche den Verdacht einer grundsätzlichen Unvereinbarkeit von Verfassung und Todesstrafe abschwächen, gehören *Gregg v. Georgia* (1976), *Jurek v. Texas* (1976) und *Proffitt v. Florida* (1976). Die erste Grundsatzentscheidung in *Gregg v. Georgia* betraf Berufungsanträge von Gefangenen, die nach den geänderten Gesetzen in den Bundesstaaten Georgia, Texas und Florida zum Tode verurteilt worden waren. Diese Staaten hatten ein Verfahren „kontrollierter Ermessensentscheidungen" eingeführt. Die drei Fälle wurden zusammen verhandelt, die Entscheidung dann anhand des wichtigsten Falles, *Gregg gegen Georgia*, gefällt. Der Gedankengang von *Furman v. Georgia* wurde nicht offiziell widerrufen. Vielmehr suchte man ihm durch eine Verbesserung und Anleitung der richterlichen Urteilsfindung Rechnung zu tragen. Das gegenwärtige Verfahren der „kontrollierten Ermessensentscheidung" (guided discretion) sollte Fairneß und einheitliche Urteilspraxis garantieren.

Mit sieben zu zwei Stimmen erklärte der Oberste Gerichtshof, daß die Todesstrafe für Mord, wie sie in den Einzelstaaten Georgia, Texas und Florida auf der Grundlage überarbeiteter gesetzlicher Bestimmungen verhängt worden war, verfassungskonform sei. Diese Gesetze enthielten folgende Neuerungen:

---

196 Vgl. Nathanson 1985 und 1987.

- Wird in einem Prozeß über ein Verbrechen verhandelt, das unter Todesstrafe steht, so muß die Frage der Schuld oder Unschuld getrennt von der Strafzumessung entschieden werden.
- Wird der eines Kapitalverbrechens Angeklagte (d. h. das Delikt kann mit dem Tode bestraft werden) schuldig gesprochen, so muß das Gericht eine zweite Verhandlung durchführen, um zu entscheiden, ob der Angeklagte zum Tode oder zu einer lebenslangen Freiheitsstrafe verurteilt werden soll. Bei dieser Entscheidung muß das Gericht mildernde und erschwerende Umstände in bezug auf Tat und Täter berücksichtigen.

Diese Anleitung des richterlichen Ermessens sowie die Zusätze über erschwerende und mildernde Umstände haben jedoch nicht zum Erfolg geführt, den man sich von einer Post-Furman-Rechtssprechung versprach. Der erste Mann, der nach 1976 hingerichtet wurde, war Gary Gilmore. Warum er, und nicht ein anderer aus der Reihe jener, die – nach der Verurteilung zu schließen – den Tod verdienen? Die Zahl der zum Tode Verurteilten betrug 1981 bereits über tausend; 1989 waren es um 2200. Zwischen 1976 und 1982 wurden vier Todesurteile vollstreckt; drei der Verurteilten hatten ihre Berufungsanträge zurückgezogen und ihre eigene Hinrichtung verlangt, weil sie sich dem psychischen Druck durch die teilweise jahrelange Haft im Todestrakt nicht mehr gewachsen fühlten. Seit 1982 nimmt die Zahl der Exekutionen ständig zu. Ein Ende ist nicht abzusehen, da immer mehr zum Tode Verurteilte ihre Berufungsmöglichkeiten ausgeschöpft haben. Von 1976 bis zum Sommer 1990 fanden 130 Hinrichtungen statt. Mehr als 2300 Personen warten auf ihre Exekution – oder die Verwandlung ihrer Strafe in Gefängnisstrafe. Die Wartezeiten der Verurteilten auf die Exekution betrugen und betragen mehrere Jahre. Die Entwicklung ist aber auch in einer anderen Richtung ein Rückschritt: Ein umfangreiches Gesetzespaket zur Verbrechensbekämpfung des Senats sieht u. a. vor, die Todesstrafe auf Bundesebene von bisher 23 auf 34 Kriminaldelikte auszudehnen. Sie folgt damit einer inneren Logik insbesondere der retributivistischen Rechtfertigung der Todesstrafe, nämlich „schwerste Strafen für schwerste Verbrechen". „Schwerste Verbrechen" ist ein Gummibegriff. Es können Zeiten kommen, in denen Drogendelikte wieder zu den „schwersten Verbrechen" gehören.

Ein weiterer Rückschlag bedeutet das Grundsatzurteil des Obersten Gerichtshof im April 1987: Obwohl die Diskriminierung von Schwarzen nicht zu leugnen ist und vom Gericht sogar ausdrücklich bestätigt wurde, wurde im Fall *McCleskey gegen Kemp* (Georgia) der Antrag auf Nicht-Vollstreckung abgelehnt, weil keine *vorsätzliche rassische Diskriminierung* zu erkennen gewesen sei. Demnach scheint nicht das Resultat der Diskriminierung, sondern nur der Vorsatz der Diskriminierung verfassungswidrig zu sein![197]

Die Diskussionen um die Verfassungswidrigkeit, d. h. ob die Todesstrafe „grausam und ungewöhnlich" oder diskriminierend sei und daher gegen die Zusätze 8 und 14 der amerikanischen Verfassung verstoße, haben zu keinen befriedigenden Resultaten geführt. Die Attribute „grausam und ungewöhnlich" können auf die *Art* der Strafe, auf das Straf*maß* oder auf das *Verfahren im Umfeld der Strafe* bezogen werden – z. B. auf die langen Wartezeiten für die Insassen der Todeszellen oder Mißstände im Strafvollzug. Die Schwierigkeiten liegen u. a. darin, daß „grausam und ungewöhnlich" ebenso dehnbare Begriffe sind wie „schwerste Verbrechen". Zur Interpretation von „grausam" stehen mehrere Kriterien zur Verfügung, die miteinander unverträglich sind. Grausamkeit wird oft mit der

---

[197] Vgl. amnesty international 1989, 15 und 260 f.

Zufügung physischer Schmerzen assoziiert, doch die Zufügung physischer Schmerzen ist weder eine notwendige noch eine hinreichende Bedingung für Grausamkeit. Notwendig ist sie nicht, denn auch die Zufügung seelischer Leiden kann genügen; hinreichend ist sie nicht, weil auch ein Zahnarzt und ein Chirurg beim Patienten unter Umständen physische Schmerzen verursacht; ist diese Schmerzzufügung unvermeidbar und eine Nebenwirkung einer Behandlung, welcher der Patient zustimmt, so kann von Grausamkeit nicht die Rede sein. Grausamkeit setzt ebensowenig notwendig eine sadistische Gesinnung voraus. Auch Gedankenlosigkeit oder Abstumpfung der Gefühle können zu grausamen Handlungen bzw. Unterlassungen führen. Überdies spielt bei der Erziehung der Folterer die systematische Entmenschlichung des Opfers, Erziehung zu absolutem Gehorsam, Abstumpfung in sog. „Härtetrainings" und die Ausbildung streng hierarchischer Subkulturen eine vitale Rolle.[198] Historisch betrachtet wird bereits im 19. Jahrhundert die Folter nicht als legales, sondern als Instrument der Staatsraison, als „Engines of the State, not of Law" (William Blackstone) praktiziert.[199]

Eine fixierte Bedeutung von „grausam und ungewöhnlich" ergäbe sich dann, wenn sich die ursprüngliche Intention der Verfassungsväter anführen ließe. Doch warum sollte die ursprüngliche Intention der Gründerväter verbindlich sein? Und selbst wenn sie es wäre, müßte sie als Intention *in ihrer Zeit* (z. B. als Intention, die bereits damals selten angewendeten viktorianischen Foltermethoden als „grausame" Strafen auszuschließen) auf die Gegenwart angewendet werden, in der solche Foltermetho-

[198] Vgl. Radtke 1978.
[199] Vgl. Peters 1985, Kap. 4.

den gar nicht mehr zur Debatte stehen. Diese Übertragung macht jedoch eine Abwendung vom sog. „Literalismus“ der Verfassungsinterpretation und die Bezugnahme auf Prinzipien erforderlich.

Eine variable Bedeutung von „grausam“ ergibt sich dann, wenn man die Meinung und Empfindung der Bevölkerung, der Geschworenen oder der Richter zum Kriterium erhebt. Ihre Anwendung ist abhängig von relativ kurzlebigen und instabilen Empfindungen und Vorurteilen.[200] Eine dritte Möglichkeit besteht darin, daß man sich auf die *informierten Urteile* der Bevölkerung abstützt. Ein solches Vorgehen würden allerdings die Rekonstruktion der tieferen moralischen Überzeugungen der Mehrheit erforderlich machen – eine Aufgabe, die weit über die Summierung der Resultate von Meinungsumfragen und anderen Statistiken hinausginge.

Als „grausam“ gelten aber auch „unverhältnismäßige“ oder „unverdiente“ Strafen – etwa ein Tag Gefängnis für eine Erkältung. Damit drückt das Adjektiv „grausam“ eine Proportion zwischen Strafe und „Tat“ aus, und nicht die intrinsische Natur der Strafe. Eine völlig verschiedene Verwendung des Ausdrucks liegt dann vor, wenn Grausamkeit als innere Qualität der Todesstrafe verstanden wird, z. B. weil sie das Recht auf Leben verletzt, schwere Leiden verursacht oder den Gefangenen entwürdigt. Diese Thesen dringen in den Bereich der philosophischen Begründungen und der letzten Prinzipien der Rechtfertigung von Strafe vor.

Zwei Erklärungen dürften am Platz sein, um die auffällige

[200] Dies widerspricht nicht der Tatsache, daß sich langfristige Tendenzen der „Humanisierung“ des Strafrechts abzeichnen. Es wurden Anstrengungen unternommen, Kriterien unabhängig von den Moden und Empfindlichkeiten der Gegenwart zu formulieren. Vgl. Radin 1978.

Anomalie der USA zu erklären. Einerseits neigt die Legislative der Staaten gegen das höchste Bundesgericht zu Trotzreaktionen; es kommt zum Protest der „Foederalisten“ gegen zentralistische und „undemokratische“ Bevormundung. Hinzu kommt der Gegensatz von Nord- und Südstaaten: In den Südstaaten hat die Todesstrafe Tradition – wie ehemals die Sklaverei. Dort ist die Strafe, trotz langer Vollzugsmoratorien, keine „ungewöhnliche“ Strafe. Der Vergleich mit der Sklaverei ist nicht weit hergeholt, wurden und werden doch prozentual die meisten Exekutionen an Schwarzen vollzogen. Andererseits sind die regionalen Gerichte und Politiker in hohem Maße von der politischen „Stimmung“ und Wählergunst abhängig, und die „Stimme des Volkes“ ist bekanntlich nirgends auf der Welt eindeutig oder mehrheitlich für die Abschaffung der Todesstrafe.[201] In den Länderwahlen der Südstaaten scheint sich gegenwärtig (Herbst 1990) wiederum die Rolle des „starken Mannes“, der die Todesstrafe bejaht, als Schibboleth im Wahlkampf abzuzeichnen. Die Todesstrafe als Primärwahlthema in den USA, Amerikas Fixierung auf die Todesstrafe als Ausdruck einer Tyrannei der Mehrheit und das demagogische Einlenken ehemaliger Bürgerrechtskämpfer sorgen wieder für Schlagzeigen.[202] In einer solchen Stimmungslage ist es aussichtslos, die „informierte Meinung“ der Bevölkerung ermitteln zu wollen, denn eine solche Ermittlung setzt, im Unterschied zu den z. T. unzuverlässigen Meinungsumfragen, eine längere Aufklä-

[201] Die Pointe vieler Verfassungsartikel besteht darin, daß sie das Gesetz vor einer Erosion durch die launische vox populi schützen sollen. Insofern ist es paradox, einfach die Mehrheit über die „Grausamkeit“ oder „Verfassungsmäßigkeit“ der Todesstrafe entscheiden zu lassen. „... decisions about rights against the majority are not issues that in fairness ought to be left to the majority.“ Dworkin 1977, 142.

[202] Vgl. Neue Zürcher Zeitung vom 12. April 1990 und 14. August 1990.

rungskampagne und eine sachlich geführte öffentliche Diskussion voraus. Auch den wichtigen Entscheiden des obersten amerikanischen Gerichtshofes lagen Mehrheitskoalitionen von Richtern zugrunde, die sich konkurrierender und z. T. stark voneinander abweichender Urteilsbegründungen bedienten, ganz zu schweigen vom Schwanken einzelner Richter bezüglich der streng verfassungsbewahrenden gerichtlichen Unterordnung oder der aktiven, gesetzgeberischen Rolle des Verfassungsgerichtes.[203] Wie aus dem Fiasko der Post-Furmanschen Rechtssprechung hervorgeht, ist es absolut unerläßlich, die *Gründe* für übereinstimmende oder abweichende Meinungen zu kennen.

Laut Umfragen befürworten im Sommer 1990 achzig Prozent der Amerikaner die Todesstrafe. Nur Mitte der sechziger Jahre waren es ausnahmsweise weniger als fünfzig Prozent. Ende der siebziger Jahre berichten die Medien über zwei Präsidenten-Anschläge und die Zunahme von Terrorismus und Kriminalität. Blut-und-Schwert-Gewalt eignen sich eher für die Fokussierung der öffentlichen Aufmerksamkeit als sog. „strukturelle Gewalt".[204] Ressentiments gegen selbsternannte „moralische Eliten" oder „paternalistische Erziehung von oben", die in der neokonservativen Intellektuellenkritik geschickt ausgebeutet werden, verdichten sich zu einer Front von Abschaffungsgegnern. Doch kann es Aufgabe des Gesetzgebers sein, die Bevölkerung umzuerziehen, oder muß sie darauf warten, bis die Mehrheit der Bürger die Todesstrafe ablehnt? Wird

[203] Je nach dem werden die höchsten Verfassungsrichter als letzte Schiedsrichter oder lediglich als getreue Interpreten der Verfassung gesehen. Im Blick auf die Beurteilung der verfassungsmäßigen Konformität der Todesstrafe ist diese Kontroverse bedeutsam. Eine Dokumentation enthält Radin 1978, 1002-1009.

[204] Vgl. die brillanten Analysen von Honderich 1989 b.

es überhaupt irgendwo zu irgendeinem Zeitpunkt zu einer Mehrheit gegen die Todesstrafe kommen?

„Wenn die Amerikaner warten, bis die Todesstrafe für die große Mehrheit der Leute unakzeptabel geworden ist oder von der vorherrschenden Einstellung in der Gemeinschaft abgelehnt oder als anstößig empfunden wird, bevor sie abgeschafft wird, dann wird sie wohl nie abgeschafft."[205]

Die Autoren, von denen dieses Zitat stammt, weisen darauf hin, daß der Trend zur Abschaffung der Todesstrafe in den westlichen Industrieländern zunächst nicht von der Mehrheit mitgetragen wurde, daß die Bevölkerung aber nachträglich, nach längeren Moratorien für Exekutionen und der gesetzlichen Abschaffung, gewöhnlich einlenkt, d. h. daß die Zahl der Befürworter abnimmt. In den Vereinigten Staaten ist der Druck der Resultate von Meinungsumfragen und der Angst vor dem Verlust von Wählerstimmen größer als z. B. in Großbritannien.[206] „Der Unterschied zwischen dem englischen Parlamentssystem und dem Prozeß der Amerikanischen Nationalpolitik ist am augeprägtesten, wenn es um symbolisch aufgeladene Angelegenheiten geht."[207] Zu diesen symbolischen Affären gehören Schulgebet, Abtreibung, Pornographie sowie Konsum und Handel mit kulturell nicht integrierten Drogen. In diesen Bereichen geht es um schwer faßbare, aber traditionell und emotional tief verwurzelte Vorlieben und Abneigungen; ihre kraftvollen Symbolismen lassen sich den Zwecken einer populistischen Politik dienstbar machen. Kein Diktator, der auf die Todesstrafe verzichtet hätte! Sowohl Napoleon als auch Hitler haben den Trend

[205] Zimring und Hawkins 1986, 67 [meine Übers.].
[206] Zwar gibt es auch in Großbritannien eine andauernde Kontroverse. Vgl. den Bericht von Mishan 1988.
[207] Zimring und Hawkins 1986, 61.

zum Moratorium und zur Abschaffung der Todesstrafe rückgängig gemacht. Die Herkunft der Todesstrafe aus dem Kult der Menschenopfer sowie die sozialpsychologischen Mechanismen der Sündenbockprojektion verweisen auf den irrationalen Hintergrund der Forderung nach Todesstrafe. In der Vergangenheit setzte Todesstrafe ein sakrales Staatsverständnis voraus. Zur Legitimation der Strafe wurde zumindest an die Einsetzung der Obrigkeit von Gott, dem einzigen befugten Richter, erinnert. Die Grausamkeit und wilde Phantastik des mittelalterlichen Strafvollzug ist nicht zu lösen vom christlichen Weltbild. Obwohl der Hinweis auf diese kulturhistorischen und religiösen Hintergründe kein niederschmetterndes Argument gegen die Todesstrafe impliziert, könnte er doch dazu dienen, ihre Anhänger selbstkritischer zu machen.

Literaturverzeichnis

Acton, H.B. (1969) (Hg.): The Philosophy of Punishment, London.

Adler, Jacob (1990): Murphy and Mercy, in: Analysis 50,4 (1990) 262-268.

Allison, Henry E. (1990): Kant's Theory of Freedom, Cambridge: UP.

Allison, Lincoln (1990): The Utilitarian Ethics of Punishment and Torture, in: ders.: The Utilitarian Response. The Contemporary Viability of Utilitarian Political Philosophy (= SAGE Modern Politics Series Vol. 24), London, Newbury Park, New Delhi, 9-29.

Althaus, Paul (1955): Die Todesstrafe als Problem der christlichen Ethik, München.

amnesty international (1989): Wenn der Staat tötet. Todesstrafe contra Menschenrechte. Ein Bericht von amnesty international, Frankfurt a. M.

Aristoteles (1972): Nikomachische Ethik, Hamburg.

Arneson, Richard J. (1990): Liberalism, Freedom, and Community, in: Ethics 100 (1990) 368-385.

Ashworth, Andrew (1991): Principles of Criminal Law, Oxford: Clarendon Press 1991.

Baird, M. Robert und Rosenbaum, Stuart E. (1988) (Hg.): Philosophy of Punishment, Buffalo, New York: Prometheus Books.

Barth, Karl (1951): Die kirchliche Dogmatik, III,4 [Zur Todesstrafe 499-515].

Basler, H. (1931): Thomas von Aquin und die Begründung der Todesstrafe in: Divus Thomas. Jahrbuch für Philosophy und spekulative Theologie III. Serie 9 (Fribourg 1931) 69-90 und 173-202.

Baurmann, Michael (1987): Zweckrationalität und Strafrecht. Argumente für ein tatbezogenes Maßnahmenrecht, Opladen.

– (1990): Strafe im Rechtsstaat, in: Michael Baurmann und Hart-

mut Kliemt (Hg.): Die moderne Gesellschaft im Rechtsstaat, Freiburg/München, 109-159.
Beccaria, Cesare (1764): Dei delitti e delle pene, Livorno; dtsch.: Über Verbrechen und Strafen, Frankfurt a. M. 1966.
Bedau, H. A. (1969/1970): The Death Penalty as a Deterrent: Arguments and Evidence, in: Ethics 80 (1969/1970) 205-217.
– (1978): Retribution and the Theory of Punishment, in: The Journal of Philosophy 75,11 (1978) 601-620.
– (1982) (Hg.): The Death Penalty in America (1964), 3. Aufl. Oxford: UP.
– (1987): Death is Different. Studies in the Morality, Law, and Politics of Capital Punishment, Boston: Northeastern UP.
– (1989): How to Argue About the Death Penalty, in: Facing the Death Penalty. Essays on a Cruel and Unusual Punishment, hg. von Michael L. Radelet, Philadelphia: Temple UP, 178-192.
Bedau, H. A. und Radelet, Michael L. (1987): Miscarriages of Justice in Potentially Capital Cases, in: Stanford Law Review 40 (1987) 21-179.
Benjamin, Walter (1928): Einbahnstrasse: Kurzwaren, in: ders.: Gesammelte Schriften, Bd. IV,1, Frankfurt a. M. 1972, 138.
Benn, Stanley I. (1958): An Approach to the Problems of Punishing, in: Philosophy 23 (1958) 325-341; wieder abgedruckt in: Morris 1961.
Bentham, Jeremy (1843): Rationale of Punishment, in: Principles of Penal Law, Teil 2 (= Works, Bd. I), hg. von J. Bowring, Edinburgh: William Tait.
– (1871): Theory of Legislation, engl. Übers. von R. Hildreth aus dem Französischen von E. Dumont, 2. Aufl. London: Trübern.
– (1948): An Introduction to the Principles of Morals and Legislation (urspr. 1789), hg. von W. Harrison, Oxford: Blackwell.
– (1962): Principles of Penal Law (= Works, Bd. I), hg. von J. Bowring, Edinburgh: William Tait.
– (1970): An Introduction to the Principles of Morals and Legislation, hg. von J. H. Burns und H. L. A. Hart (= The Collected Works of J. B.), London: The Athlone Press.
Beristain, A. (1977): Katholizismus und Todesstrafe, in: Zeitschrift für die gesamte Strafrechtswissenschaft 27 (1977) 212-238.
Berne, Eric (1967): Die Spiele der Erwachsenen. Psychologie der menschlichen Beziehungen, Hamburg.

Berns, Walter (1979): For Capital Punishment. Crime and the Morality of the Death Penalty, New York: Basic Books, Inc.
Beyleveld, Deryck (1980): A Bibliography on General Deterrence Research, Westmead, Farnboroug, Hampshire, England: Saxon House, Teakfiel Limited.
– (1982): Ehrlich's Analysis of Deterrence, in: British Journal of Criminology 22 (1982) 124-139.
Bickenbach, Jerome E. (1988): Critical Notice, in: Canadian Journal of Philosophy 18,4 (1988) 765-786 sowie Duffs Erwiderung ebd. 787-793.
Black, Charles L., Jr. (1974): Capital Punishment: The Inevitability of Caprice and Mistake, New York: Norton.
Blumenstein, Alfred, Cohen, Jacquelin und Nagin, Daniel (1978) (Hg.): Deterrence and Incapacitation: Estimating the Effects of Criminal Sanctions on Crime Rates, Washington, D. C.: National Academy of Sciences.
Bondolfi, Alberto (1985): Pena e Pena di Morte, Bologna: Edizioni Dehoniane.
– (1990): Ethik und Selbsterhaltung. Sozialethische Anstöße, Fribourg, 107-148.
Bowers, William J. (1988): The Effect of Executions is Brutalization, not Deterrence, in: Haas und Inciardi 1988, 49-89.
Bradley, F. H. (1876): Ethical Studies, 2. Auf. 1927, Neuausgabe Oxford: Clarendon Press 1988.
– (1894): Some Remarks on Punishment, in: International Journal of Ethics 4 (1894) 269 ff.; wieder abgedruckt in: ders.: Collected Essays, Oxford 1969.
Brady, James B. (1980): Punishing Attempts, in: The Monist 63,2 (1980) 246-257.
Braithwaite, John und Pettit, Philip (1990): Not Just Deserts. A Republican Theory of Criminal Justice, Oxford: Clarendon Press.
Brieskorn, Norbert (1990): Rechtsphilosophie, Berlin, Stuttgart, Köln.
Brubaker, Stanley C. (1988): Can Liberals Punish? in: American Political Science Review (1988) 82,3, 821-836.
Burgh, Richard W. (1982): Do the Guilty Deserve Punishment? in: The Journal of Philosophy 79 (1982) 193-210.
Callies, R. P. (1974): Theorie der Strafe im demokratischen und sozialen Rechtsstaat, Frankfurt a. M.

Camus, Albert (1960): Betrachtungen zur Todesstrafe, in: ders.: Fragen der Zeit, Hamburg, 105.
Cancik, H. (1979): Christentum und Todesstrafe. Zur Religionsgeschichte der legalen Gewalt, in: Angst und Gewalt. Ihre Präsenz und ihre Bewältigung, hg. von H. von Stietenaar, Düsseldorf, 212-251.
Cattaneo, Mario A. (1965): Hobbes's Theory of Punishment, in: Hobbes Studies, hg. von K. C. Brown, Oxford: Blackwell, 275-297.
Compagnoni, F. (1978): Folter und Todesstrafe in der Überlieferung der römisch-katholischen Kirche, in: Concilium 14 (1978) 657-666.
Consilium (1978): Folter und Todesstrafe 14, 12 (1978) 637-707.
Conway, David A. (1974): Capital Punishment and Deterrence: Some Considerations in Dialogue Form, in: Philosophy and Public Affairs 3,4 (1974) 431-443.
Cottingham, J. G. (1979): Varieties of Retribution, in: The Philosophical Quarterly 29, 116 (1979) 238-246.
Cranor, Carl F. (1978/1979): Legal Moralism Reconsidered, in: Ethics 89 (1978/1979) 147-164.
Davis, Michael (1981): Death, Deterrence, and the Method of Common Sense, in: Social Theory and Practice 7,2 (1981) 145-177.
– (1983): How to Make the Punishment Fit the Crime, in: Ethics 93 (1983) 726-752.
– (1986 a): Harm and Retribution, in: Philosophy and Public Affairs 15 (1986) 236-248.
– (1986 b): Why Attempts Deserve Less Punishment than Complete Crimes? in: Law and Philosophy 5 (1986) 1-32.
Deigh, J. (1982): Respect and the Right to Be Punished, in: Tulane Studies of Philosophy 31 (1982) 169-182.
– (1984): On the Right to Be Punished: Some Doubts, in: Ethics 94 (1984) 191-203.
Devlin, Patrick (1965): The Enforcement of Morals, London: Oxford UP.
Donagan, Alan (1968): Is there a Credible Form of Utilitarianism, in: Michael D. Bayles (Hg.): Contemporary Utilitarianism, Anchor Books, Neudruck Gloucester, Mass.: Peter Smith 1978, 187-202.
Duff, R. A. (1986): Trials and Punishments, Cambridge: UP – vgl. Bickenbach 1988.

– (1990): Intention, Agency and Criminal Liability. Philosophy of Action and the Criminal Law, Oxford, Cambridge Mass.: Basil Blackwell.
Durkheim, Emile (1901): Deux Lois de l'évolution pénale, in: L'Anné sociologique IV (1901); engl. Übers. Durkheim 1973.
– (1973): Two Law of Penal Evolution, in: Economy and Society 2 (1973) 285-308.
– (1988): De la division du travail social (1893); dtsch.: Über soziale Arbeitsteilung, Frankfurt a. M. 1988.
Dworkin, Ronald (1977): Taking Rights Seriously, Cambridge, Mass.: Harvard UP.
Ebbinghaus, Julius (1968): Die Strafen für Tötung eines Menschen nach Prinzipien einer Rechtsphilosophie der Freiheit (= Kantstudien, Ergänzungshefte 94), Bonn 1968 [104 S.!].
Ehrlich, Isaac (1975): The Deterrent Effect of Capital Punishment: A Question of Life or Death, in: American Economic Review 65 (1975) 397-417.
Eisenach, Eldon J. (1978): Crime, Death and Loyality in Englisch Liberalism, in: Political Theory 6 (1978) 213-232.
– (1981): Two Worlds of Liberalism. Religion and Politics in Hobbes, Locke, and Mill, Chicago and London: The University of Chicago.
Engisch, Karl (1967): Todesstrafe - ja oder nein? in: Schopenhauer-Jahrbuch 38 (1967) 53-85.
Ermecke, Gustav (1963): Zur ethischen Begründung der Todesstrafe heute, Paderborn.
Ewing, A.C. (1929): The Morality of Punishment, London: Trench, Trubner and Co.: Kegan Paul.
Ezorsky, Gertrude (1972) (Hg.): Philosophical Perspectives on Punishment, Albany: State University of New York Press.
– (1974): Punishment and Excuses, in: Milton Goldinger, (Hg.): Punishment and Human Rights, Cambridge, 99-115.
Falls, M. M. (1987): Retribution, Reciprocity, and Respect for Persons, in: Law and Philosophy 6 (1987) 25-30.
Feinberg, Joel (1970): Doing and Deserving. Essays in the Theory of Responsibility, Princeton, New Jersey: Princeton UP.
– (1980): Noncomparative Justice, in: ders.: Rights, Justice, and the Bounds of Liberty: Essays in Social Philosophy, Princeton: UP 1980, 265-306.
– (1984-1988) The Moral Limits of the Criminal Law, 4 Bände, Oxford: UP.

Feinberg, Joel und Gross, Hyman (1986) (Hg.): Philosophy of Law, 3. Aufl. Belmont, Calif.: Wadsworth.
Fichte, Johann Gottlieb (1793): Beiträge zur Berichtigung des Urteils des Publikums über die französische Revolution, Neuausgabe: Hamburg 1973.
– (1812): Rechtslehre, Neuausgabe: Hamburg 1980.
Fingarette, Herbert (1988): Heavy Drinking. The Myth of Alcoholism as a Disease, Berkeley, Los Angeles, London: University of California Press.
Finnis, John (1972): The Restoration of Retribution, in: Analysis 32 (1972) 131-135.
– (1980): Natural Law and Natural Rights, Oxford: Clarendon Press.
– (1983): Fundamentals of Ethics, Oxford: Clarendon Press.
Flathman, Richard E. (1980): The Practice of Political Authority. Authority and the Authoritative, Chicago, London: University of Chicago Press [Power, Authority and Punishment 155-159].
– (1983): Liberalism and Autority, in: The Prospects of Liberalism, hg. von Timothy Fuller (= The Collorado College Studies), Colorado Springs, 42-58.
Fleischacker, Samuel (1988): Kant's Theory of Punishment, in: Kant-Studien 79,4 (1988) 434-449.
Flew, Antony (1954): The Justification of Punishment, in: Philosophy 29 (1954) 291-307.
– (1973): Crime or Disease? London and Basingstoke: The Macmillan Press Ltd.
Forst, Brian E. (1977): The Deterrent Effect of Capital Punishment: A Cross-State Analysis, in: Minnesota Law Review 61 (1977) 743-767.
Foucault, Michel (1976): Surveiller et punir. La naissance da la prison, Paris: Editions Gallimard 1975; dtsch.: Überwachen und Strafen. Die Geburt des Gefängnisses, Frankfurt a. M.
Garland, David (1990): Punishment and Modern Society. A Study in Social Theory, Oxford: UP.
Geiger, Max, Saner, Hans und Stratenwerth, Günter (1978): Nein zur Todesstrafe. Ein Podium von Amnesty International, Basel.
Gibbs, Jack P. (1975): Crime, Punishment, and Deterrence, New York, Oxford, Amsterdam: Elsevier.
Goffman, E. (1975): Stigma, Frankfurt a. M.

Goldman, Alan H. (1979): The Paradox of Punishment, in: Philosophy and Public Affairs 9 (1979) 42-58.
– (1982): Toward a New Theory of Punishment, in: Law and Philosophy 1 (1982) 57-61.
Guyau, Jean Marie (1909): Sittlichkeit ohne „Pflicht“, Leipzig 1909.
– (1925): Esquisse d'une Morale sans Obligations ni sanction (urspr. 1884), 18. Aufl. Paris.
Haas, Kenneth C. und Inciardi, James A. (1988) (Hg.): Challenging Capital Punishment. Legal and Social Science Approaches, Newbury Park, Beverly Hills, London, New Delhi: Sage Publications.
Hampton, Jean (1984): The Moral Education Theory of Punishment, in: Philosophy and Public Affairs 13,3 (1984) 208-238.
Harding, Christopher und Ireland, Richard W. (1989): Punishment. Rhetoric, Rule, and Practice, London and New York: Routledge.
Hare, Richard (1981): Moral Thinking. Its Levels, Method and Point, Oxford: Clarendon Press, 161 f.
– (1989): Essays on Political Morality, Oxford: Clarendon Press, 203-216 [Kap. 10: What is Wrong with Slavery?; Kap. 15: Punishment and Retributive Justice].
Hart, H. L. A. (1959/1960): Prolegomena to the Principles of Punishment, in: Proceedings of the Aristotelian Society 60 (1959/1960) 1-26; wieder abgedruckt in: Hart 1968; dtsch. von Norbert Hoerster in: H. L. A. Hart: Recht und Moral, Göttingen 1971.
– (1963): Law, Liberty and Morality, Oxford: UP.
– (1967): Social Solidarity and the Enforcement of Morality, in: University of Chicago Law Review 35 (1967) 1-13; wieder abgedruckt in: Hart 1983; dtsch. von Norbert Hoerster in: H. L. A. Hart: Recht und Moral, Göttingen 1971.
– (1968): Punishment and Responsibility. Essays in the Philosophy of Law, Oxford: Clarendon Press.
– (1983): Essays in Jurisprudence and Philosophy, Oxford: Clarendon Press.
Hassemer, Winfrid (1990): Einführung in die Grundlagen des Strafrechts, 2. Aufl. München.
Hegel, G. W. F. (1955): Grundlinien der Philosophie des Rechts, Hamburg.

Hirsch, Andrew von (1976): Doing Justice. The Choice of Punishments, New York: Hill und Wang.
Hobbes, Thomas (1651): Leviathan, ore the Matter, Forme, and Power of a Commenwealth, Ecclesiasticall and Civill, London; dtsch. Übers. hg. von Iring Fetscher, Darmstadt und Neuwied 1966 [Kap. 28: „Von Strafen und Belohnungen"].
Hodson, John D. (1983): The Ethics of Legal Coercion, Dordrecht, Boston, London: Reidel.
Höffe, Ottfried (1975) (Hg.): Einführung in die utilitaristische Ethik. Klassische und zeitgenössische Texte, München.
– (1990): Kategorische Rechtsprinzipien. Kontrapunkte der Moderne, Frankfurt a. M.
Hoerster, Norbert (1970): Zur Generalprävention als dem Zweck staatlichen Strafens, in: Goltdammers Archiv für Strafrecht (1970) 272-281.
– (1987) (Hg.): Recht und Moral. Texte zur Rechtsphilosophie, Stuttgart.
Honderich, Ted (1969): Punishment. The Supposed Justifications, Hutchinson; Neuauflage: Harmondsworth 1984.
– (1975): The Use of the Basic Proposition of a Theory of Justice, in: Mind LXXXIV (1975) 63-78.
– (1984): Culpability and Mystery, in: Philosophy and the Criminal Law, Beiheft Nr. 19 (1984) 71-77.
– (1985): Punishment, the New Retributivism, and Political Philosophy, in: Philosophy and Practice, hg. von A. Phillips Griffiths, Cambridge: UP, 117-147.
– (1989 a): Punishment. The Supposed Justifications, Cambridge: Polity Press 1989.
– (1989 b): Violence for Equality. Inquiries in Political Philosophy, Harmondsworth, Middlesex, England: (urspr. 1976), Penguin Books.
Hood, Roger (1990): The Death Penalty. A World-wide Perspective. A Report to the United Nations Committee on Crime Prevention and Control, Oxford: Clarendon Press.
Johnson, Peter (1984): Bradley and the Nature of Punishment, in: The Philosophy of F. H. Bradley, hg. von Anthony Manser und Guy Stock, Oxford: Clarendon Press, 99-116.
Johnson, Robert (1981): Condemned to Die. Life under Sentence of Death, Prospect Heights, Illinois: Waveland Press, Neuauflage 1989.
Kant, Imanuel (1797): Metaphysik der Sitten, Akademie-Ausga-

be, Band IV, Berlin 1907-1914 [Vom Straf- und Begnadigungsrecht 331-337].
Kekes, John (1989): Moral Tradition and Individuality, Princeton: UP.
Kennedy, M. (1976): Beyond Incrimination: Some Neglegted Aspects of the Theory of Punishment, in: W. J. Chambliss und M. Mankoff (Hg.): Whose Law? What order? New York.
Kenny, Anthony (1970): Intention and Purpose in Law, in: Essays in Legal Philosophy, hg. von Robert S. Sumner, Oxford: Blackwell, 146-163.
– (1978): Freewill and Responsibility, London, Henley und Boston: Routledge, 71 f.
Kleinig, John (1973): Punishment and Desert, The Hague [mit ausführlicher chronologischer Bibliographie].
Kristol, Irving (1971): Pornography, Obscenity, and the Case for Censorship, in: The New York Times Magazine (28. März 1971); wieder abgedruckt in: Feinberg und Gross 1986.
Küpper, Georg (1990): Schopenhauers Straftheorie und die aktuelle Strafzweckdiskussion, in: Schopenhauer-Jahrbuch 71 (1990) 207-216.
Kunz, Karl-Ludwig (1986): Prävention und gerechte Zurechnung. Überlegungen zur normativen Kontrolle utilitaristischer Strafbegründung, in: Zeitschrift für die gesammte Strafrechtswissenschaft 98 (1980) 823-838.
– (1989): Soziales Lernen ohne Zwang. Ein Programm für den Strafvollzug der Zukunft, in: Zeitschrift für die gesamte Strafrechtswissenschaft 101,1 (1989) 75-102.
Kymlicka, Will (1991): Liberalism, Community and Culture, Oxford: Clarendon Press.
Lacey, Nicola (1988): State Punishment. Political Principles and Community Values, London und New York: Routledge.
Leder, Karl Bruno (1980): Todesstrafe: Ursprung, Geschichte, Opfer, München.
Lemos, R. J. (1977): A Defense of Retributivism, in: Southern Journal of Philosophy 15 (1977) 53.
Lester, David (1979): Execution as a Deterrent to Homicides, in: Psychological Rep. 44 (1979) 562.
Locke, John (1980): Second Treatise of Government, Abschnitt 8, in: John Locke: Bürgerliche Gesellschaft und Staatsgewalt, Leipzig.

Lomasky, Loren E. (1987): Persons, Rights, and the Moral Community, Oxford: UP.
Lukes, Steven (1985): Emile Durkheim. His Life and Work. A Historical Study, Stanford: UP.
Lukes, Steven und Scull, Andrew (1983): Durkheim and the Law, Oxford: Martin Robertson.
Mabbott, J. D. (1939): Punishment, in: Mind 48 (1939); wieder abgedruckt in: Baird und Rosenbaum 1988.
MacCormick, Neil (1982): Against Moral Disestablishment, in: ders.: Legal Right and Social Democracy. Essays in Legal and Political Philosophy, Oxford: Clarendon Press, 18-38.
Mackenzie, Mary Margaret (1981): Plato on Punishment, Berkeley, Los Angeles, London: University of California Press.
Mackie, John L. (1977): Ethics. The Inventing of Right and Wrong, Harmondsworth: Penguin Books.
– (1982): Morality and the Retributive Emotions, in: Edward Westermarck: Essays on His Life and Works, hg. von Timothy Stroup, Acta Philosophica Fennica; wieder abgedruckt in: ders.: Persons and Values. Selected Papers Vol. 2, Oxford: Clarendon Press 1985, 206-219.
Maclagan, W. G. (1939): Punishment and Retribution, in: Philosophy 14 (1939) 281-98.
Madden, H. et al. (1968) (Hg.): Philosophical Perspectives on Punishment, Springfield.
Martin, Michael (1987): The Legal Philosophy of H. L. A. Hart. A Critical Appraisal, Philadelphia: Temple UP.
Marx, Karl (1845) in: Marx/Engels: Die heilige Familie, Kap. VIII, Abschnitt 3 (= Marx/Engels-Werke, Bd.2), Berlin 1974.
– (1853): Die Todesstrafe – Herrn Cobdens Pamphlet – Anordnungen der Bank von England (= Marx/Engels-Werke, Bd.8), Berlin 1974, 506-513.
Mayer, H. (1969): Kant, Hegel und das Strafrecht, in: Festschrift für K. Engisch, Frankfurt a. M., 54 ff.
McCloskey, H. J. (1962): The Complexity of the Concept of Punishment, in: Philosophy 37 (1962) 307-325.
– (1967): Utilitarian and retributive punishment, in: The Journal of Philosophy 64,3 (1967) 91-110.
– (1968): A Non-Utilitarian Approach to Punishment, in: Inquiry 8 (1965) 249-263; wieder abgedruckt in: Michael D. Bayles (Hg.): Contemporary Utilitarianism, New York.
Mead, George Herbert (1917/1918): The Psychology of Punitive

Justice, in: American Journal of Sociology 23 (1917/1918) 577-602; dtsch. in: ders.: Gesammelte Aufsätze, Bd. 1, Frankfurt a. M. 1980, 253-284.
Mill, John Stuart (1868): Speech in Favor of Capital Punishment, abgedruckt in: Ezorsky 1972 und in: Peter Singer (Hg.): Applied Ethics, Oxford: UP 1986, 97-104 [zitiert nach der letztgenannten Ausgabe].
Mishan, E. J. (1988): The Lingering Debate on Capital Punishment, in: Encounter (März 1988) 61-75.
Monist, The (1980): General Topic: Crime and Punishment: Philosophical Issues 63,2 (1980).
Morris, Christopher W. (1991): Punishment and Loss of Moral Standing, in: Canadian Journal of Philosophy 21,1 (1991) 53-80.
Morris, Herbert (1961) (Hg.): Freedom and Responsibility. Readings in Philosophy and Law, Stanford, Calif.: Stanford UP.
– (1976): On Guilt and Innocence. Essays in Legal Philosophy and Moral Psychology, Berkeley etc.: University of California Press.
– (1981): A Paternalistic Theory of Punishment, in: American Philosophical Quarterly 18,4 (1981); wieder abgedruckt in: Murphy 1985, 42-54.
Mundle, C. W. K. (1954): Punishment and Desert, in: Philosophical Quarterly 4 (1954) 216-228; wieder abgedruckt in: Ethics, hg. von Judith J. Thomson und Gerald Dworkin, New York, Evanston, London: Harper and Row Publishers 1968 [zitiert nach diesem Reader].
Murphy, Jeffrie G. (1973) (Hg.): Punishment and Rehabilitation, Belmont.
– (1979): Retribution, Justice, and Therapy, Dordrecht, Boston, London: Reidel.
– (1982): Forgiveness and Resentment, in: Midwest Studies in Philosophy VII: Social and Political Philosophy (1982) 503-516.
– (1983): Cruel and Unusual Punishment, in: Law, Morality and Rights, hg. von M. A. Stewart, Dordrecht: Reidel.
– (1985) (Hg.): Punishment and Rehabilitation, 2. umgearb. Aufl. Belmont, California: Wadsworth.
Murphy, Jeffry G. und Coleman, Jules (1984): The Philosophy of Law. An Introduction to Jurisprudence, Totowa, New Jersey:

Rowman and Allanheld Publ. 1984 [Kap. 3: Crime and Punishment].
Murphy, Jeffry G. und Hampton, Jean (1988): Forgiveness and Mercy, Cambridge: UP.
Nagel, Thomas (1976): Moral Luck, in: Proceedings of the Aristotelian Society, suppl.vol. L (1976) 137-151 [Erwiderung auf B. Williams]; wieder abgedruckt in: Nagel 1979.
– (1979): Mortal Questions, Cambridge: UP 1979.
Nakell, Barry und Hardy, Kenneth A. (1987): The Arbitrariness of the Death Penalty, Philadelphia: Temple UP.
Narveson, Jan (1988): The Libertarian Idea, Philadelphia: Temple UP.
Nathanson, Stephen (1985): Does it Matter If the Death Penalty is Arbitrarily Administered? in: Philosophy and Public Affairs 14,2 (1985) 149-164; abgedruckt in: Baird und Rosenbaum 1988.
– (1987): An Eye for an Eye? in: The Morality of Punishing by Death, Totowa, New Jersey: Rowman and Littlefield 1987.
Naucke, Wolfgang (1990): Über die Zerbrechlichkeit des rechtsstaatlichen Strafrechts, in: Kritische Vierteljahresschrift für Gesetzgebung und Rechtswissenschaft 3/4 (1990) 244-257.
Neumann, U. und Schroth, U. (1980): Neuere Theorien von Kriminalität und Strafe, Darmstadt.
Nietzsche, F. W. (1980 a): Zur Genealogie der Moral, 2. Abhandlung, Abschnitt 14, in: Sämtliche Werke. Kritische Studienausgabe, Bd. 5, München 1980, 318 ff.
– (1980 b): Jenseits von Gut und Böse, Abschnitt 201, in: Sämtliche Werke, Kritische Studienausgabe, Bd. 5, München 1980, 121 ff.
Norrie, Alan W. (1991): Law, Ideology and Punishment. Retrieval and Critique of the Liberal Ideal of Criminal Justice, Dordrecht, Boston, London: Kluwer Academic Publishers.
Oberdiek, Hans (1972): Intention and Foresight in Criminal Law, in: Mind LXXXI (1972) 389-400.
Oberer, Hariolf (1982): Über einige Begründungsaspekte der Kantischen Strafrechtslehre, in: Rechtsphilosophie der Aufklärung. Symposium Wolfenbüttel 1981, hg. von Reinhard Brandt, Berlin, New York, 399-423.
Peters, Edward (1985): Torture, Basil Blackwell, Oxford, New York.
Phillips, David P. (1980): The Deterrent Effect of Capital Punish-

ment: New Evidence on an Old Controversy, in: The American Journal of Sociology 86 (1980) 139-147. [Vgl. Bowers 1988, 69 ff.]
Pincoffs, Edmund (1966): The Rationale of Legal Punishment, New York: Humanities Press.
Polinski, A. Mitchell (1983): An Introduction to Law and Economics, Boston: Little, Brown und Co.
Posner, Richard (1981): The Economics of Justice, Cambridge: Harvard UP 1981.
– (1985): An Economic Theory of the Criminal Law, in: Columbia Law Review 85 (1985) 1193-1231.
Pothast, Ulrich (1980): Die Unzulänglichkeit der Freiheitsbeweise. Zu einigen Lehrstücken aus der neueren Geschichte von Philosophie und Recht, Frankfurt a. M.
Primoratz, Igor (1978 a): Utilitarianism and Self-Sacrifice of the Innocent, in: Analysis 38 (1978) 194-199.
– (1978 b): Kant and Beccaria, in: Kant-Studien 69 (1978) 403-421.
– (1980): Utilitarianism and Punishment of the Innocent, in: Rivista Internazionale di Filosofia del Diritto 57 (1980) 582-625.
– (1982): Life for Life: Arguments Against Capital Punishment, in: Philosophical Studies 29 (1982) 186-201.
– (1986): Banquos Geist. Hegels Theorie der Strafe, in: Hegel-Studien, Beiheft 29 (1982) Bonn 1986.
– (1989): Justifying Legal Punishment, New Jersey, London: Humanities Press.
Quinton, Anthony (1953/1954): Punishment, in: Analysis 14 (1953/1954) 133-142.
Radbruch, Gustav (1973): Rechtsphilosophie, 8. Aufl. Stuttgart.
Radelet, Michael L. (1989) (Hg.): Facing the Death Penalty. Essays on a Cruel and Unusual Punishment, Philadelphia: Temple UP.
Radelet, Michael L. und Vandiver, Margaret (1988): Capital Punishment in America. An Annotated Bibliography, New York und London: Garland Publishing, Inc.
Radin, Margaret Jane (1978): The Jurisprudence of Death: Evolving Standards for the Cruel and Unusual Punishment Clause, in: University of Pennsylvania Law Review 126 (1978) 989-1064.
– (1980): Cruel Punishment and Respect for Persons: Super Due

Process for Death, in: Southern California Law Review 53 (1980) 1143-1185.
Radtke, Herbert (1978): Die Folter als illegales Mittel der Macht, in: Consilium 14,12 (1978) 638-644.
Rawls, John (1955): Two Concepts of Rules, in: Philosophical Review 64 (1955) 3-32; auszugsweise abgedruckt in: Baird und Rosenbaum 1988; dtsch. in: Höffe 1975, 96-120.
– (1977): Gerechtigkeit als Fairneß, hg. von Otfried Höffe, Freiburg/München.
Reiman, Jeffrey H. (1985): Justice, Civilization, and the Death Penalty: Answering van den Haag, in: Philosophy and Public Affairs 14,2 (1985) 115-148; abgedruckt in: Baird und Rosenbaum 1988.
Robert, Philippe (1984): La question pénale, Genf; dtsch.: Strafe, Strafrecht, Kriminologie. Eine soziologische Kritik, Frankfurt a. M., New York 1990.
Ross, W. D. (1930): The Right and the Good, Oxford, 56-64 [Appendix II: Punishment].
Sadurski, Wojciech (1985): Punishment and the Theory of Justice, in: ders.: Giving Desert Its Due. Social Justice and Legal Theory, Boston, Lancaster, Dordrecht: Reidel, 221-258.
– (1990): Liberal Neutrality and Theory of Punishment, in: ders.: Moral Pluralism and Legal Neutrality, Dordrecht, Boston, London: Kluwer 1990, 149-165.
Satre, Thomas W. (1975): The Irrationality of Capital Punishment, in: The Southwestern Journal of Philosophy 6 (1975) 75-87.
Schedler, G. (1975/1976): On Telishing the Guilty, in: Ethics 86 (1975/1976) 256-260.
– (1977): Behaviour Modification and ‚Punishment‘ of the Innocent: Towards a Justification of the Institution of Legal Punishment, Amsterdam: B.R. Gründer Publishing Co.
Scheid, E. (1983): Kant's Retributivism, in: Ethics 93 (1983) 262-282.
Schmid, G. (1938): Christentum und Todesstrafe, Weimar.
Schmidbauer, Wolfgang (1977): Die hilflosen Helfer. Über die seelische Problematik der helfenden Berufe, Reinbek bei Hamburg.
Schmidthäuser, E. (1971): Vom Sinn der Strafe, Göttingen.
Schöpf, B. (1958): Das Tötungsrecht bei den frühchristlichen Schriftstellern, Regensburg.

Schweizerisches Strafgesetzbuch ([11]1986).
Seelmann, Kurt (1991): Vertragsmetaphern zur Legitimation des Strafens im 18. Jahrhundert, in: Die Bedeutung der Wörter. Studien zur europäischen Rechtsgeschichte (= Festschrift für Sten Gagner zum 70. Geburtstag), hg. von Michael Stolleis, München, 441-459.
Sellin, Thorsten (1959): The Death Penalty, Philadelphia: American Law Institute.
Sewing, J. (1966): Studien zur Todesstrafe im Naturrecht, Bonn.
Sher, George (1987): Desert, Princeton: UP.
Smilanksky, Saul (1990): Utilitarianism and the ‚Punishment' of the Innocent: The General Problem, in: Analysis 50,4 (1990) 256-261.
Söllner, Alfred (1985): Einführung in die römische Rechtsgeschichte, 3. Aufl. München.
Sorell, Tom (1987): Moral Theory and Capital Punishment, Oxford, New York: Basil Blackwell.
Sprigge, T. L. S. (1968): A Utilitarian Reply to Dr. McCloskey, in: Michael D. Bayles (Hg.): Contemporary Utilitarianism, New York.
Stephen, James Fitzjames (1873): Liberty, Equality, Fraternity, London.
Stolleis, Michael (1990): Staat und Staatsräson in der frühen Neuzeit. Studien zur Geschichte des öffentlichen Rechts, Frankfurt a. M.
Streng, Franz (1989): Schuld ohne Freiheit? Der funktionale Schuldbegriff auf dem Prüfstein, in: Zeitschrift für die gesamte Strafrechtswissenschaft 39,101, Heft 2 (1989) 273-334.
Suzman, Jonathan und Cottingham, John (1987): Just Punishment, in: Proceedings of the Aristotelian Society, Suppl. vol. LXI (1987) 25-55.
Symposium (1978): The New Retributivism, in: Journal of Philosophy 75 (1978) [mit Beiträgen von H. A. Bedau, R. Wasserstrom und A. von Hirsch].
Tapper, C. F. H. (1981): Crime, Proof, and Punishment, Butterworths.
Ten, C. L. (1987): Crime, Guilt, and Punishment, Oxford: Clarendon Press.
Terchek, Ronald J. (1989): Punishing Liberals or Rehabilitating Liberalism? in: American Political Science Review 83,4 (1989) 1309-1312 [Brubakers anschliessende Entgegnung 1312-1316].

Twining, W. L. und Twining, P. E. (1973): Bentham on Torture, in: Northern Ireland Legal Quarterly 24,3 (1973); wieder abgedruckt in: M. H. James (Hg.): Bentham and Legal Theory, Banbridge Chronicle Press Ltd. 1974, 39-90.

van den Haag, Ernest und Conrad, John P. (1986): The Death Penalty. A Debate, 2. Aufl. New York and London: Plenum Press.

van Dülmen, Richard (1985): Theater des Schreckens. Gerichtspraxis und Strafrituale in der frühen Neuzeit, München.

Walker, Nigel (1980): Punishment, Danger and Stigma, London: Blackwell 1980.

– (1991): Why Punish? Oxford: UP.

Wasserstrom, Richard A. (1959/1960): Strict Liability in the Criminal Law, in: Stanford Law Review 12 (1959/1960) 731-745; wieder abgedruckt in: Ezorsky 1972.

– (1977): Punishment, in: ders.: Philosophy and Social Issues. Five Studies, Notre Dame, London: University of Notre Dame Press, 112-151.

Wellman, Carl (1975): Morals and Ethics, Glenview, Illinois: Scott, Foresman and Co. [Kap. 11: Capital Punishment].

Wertheimer, Alan (1975): Should Punishment Fit the Crime? in: Social Theory and Praxis 3,4 (1975) 403-423.

– (1977): Victimless Crimes, in: Ethics 87 (July 1977) 302-318.

Wesel, Uwe (1984): Juristische Weltkunde. Eine Einführung in das Recht, Frankfurt a. M.

Wiertz, Annelie (1982): Strafen-Bessern-Heilen? Möglichkeiten und Grenzen des Strafvollzugs, München.

Williams, Bernard (1976): Moral Luck, in: Proceedings of the Aristotelian Society, suppl. vol. L (1976) 115-135.

– (1981): Moral Luck, Cambridge: UP; dtsch.: Moralischer Zufall. Philosophische Aufsätze 1973-1980, übers. von André Linden, Königstein/Ts. 1984.

Wolf, J.-C. (1985): Zur Trennung von Recht und Moral in der analytischen Rechtsphilosophie, in: Studia Philosophica 44 (1985) 34-48.

– (1988): Variationen zu Mill'schen Themen – Das rechtsphilosophische Opus Magnum von Joel Feinberg, in: Zeitschrift für philosophische Forschung 42,3 (1988) 454-464.

– (1990 a): John Stuart Mill über die Todesstrafe, in: Freiburger Zeitschrift für Philosophie und Theologie 37,1/2 (1990) 105-118.

– (1990 b): Utilitarismus und ökologische Ethik, in: Zeitschrift für philosophische Forschung 44,4 (1990) 619-634.
– (1990 c): Paternalismus, in: Studia Philosophica 49 (1990) 49-56.
– (1990 d): Utilitarismus, Rechte und Euthanasie, in: Analyse und Widerspruch 2/90 (1990) 219-225.
– (1991 a): Sterben, Tod und Tötung, in: Praktische Ethik. Grundorientierungen angewandter Ethik, hg. von K. Bayertz, Reinbek b. Hamburg, 243-277.
– (1991 b): Euthanasie auf abschüssiger Bahn, in: Zeitschrift für Pädagogik 37,2 (1991) 267-283.
– (1991 c): Recht auf Rausch, Pflicht zur Mäßigung? in: Universitas (1992) 267-283.
– (1991 d): Paternalismus, Moralismus und Überkriminalisierung, in: Recht auf Sucht? Drogen, Markt, Gesetze, hg. von Gerd Grözinger, Berlin, 38-65.
– (1992 a): Kriminelle Versuche in utilitaristischer Sicht, Analyomen-Akten, Saarbrücken.
– (1992 b): Das Verantwortungsprinzip und seine Ausnahmen im angelsächsischen Utilitarismus, in: Schweizerischen Zeitschrift für Strafrecht (1992).
– (1992 c): Bentham, Mill, Sidgwick, in: Geschichte der neueren Ethik, Bd. I, hg. von Annemarie Pieper, Tübingen.
– (1992 d): John Stuart Mills Utilitarismus. Ein kritischer Kommentar, Freiburg/München.
– (1992 e): Ethik zwischen Kantianismus und Utilitarismus, in: Allgemeine Zeitschrift für Philosophie 17,2 (1992) 1-25.
Wolff, Jonathan (1991): Robert Nozick. Property, Justice and the Minimal State, Cambridge: Polity Press.
Wolff, Paul Robert (1977): Robert Nozick's Derivation of the Minimal State, in: Arizona Law Review 19 (1977); wieder abgedruckt in: J. Paul (Hg.): Reading Nozick, Oxford: Blackwell 1982, 77-104.
Wooton, Barbara (1981): Crime and the Criminal Law, 2. Aufl. London.
Zimring, Franklin E. und Hawkins, Gordon (1986): Capital Punishment and the American Agenda, Cambridge: UP.

Personenregister

Sachregister

Reihe: Praktische Philosophie

Die Bände 1 bis 28 sind kartoniert;
ab Band 29 erscheint die Reihe in festen Einbänden

29: Karl Schuhmann: Husserls Staatsphilosophie
30: Walter Pfannkuche: Platons Ethik als Theorie des guten Lebens
31: Edmund Sandermann: Die Moral der Vernunft. Transzendentale Handlungs- und Legitimationstheorie bei Kant
32: Thomas Nisters: Kants Kategorischer Imperativ als Leitfaden humaner Praxis
33: Markus Hilmar Wörner: Das Ethische in der Rhetorik des Aristoteles
34: Javier Muguerza: Ethik der Ungewißheit
35: Dirko Thomsen: ‚Techne' als Metapher und als Begriff der sittlichen Einsicht. Zum Verhältnis von Vernunft und Natur bei Platon und Aristoteles
36: Johannes Drescher: Glück und Lebenssinn
37: Donate Kluxen-Pyta: Nation und Ethos
38: Alfred Langewand: Moralische Verbindlichkeit oder Erziehung (J. Fr. Herbart)
39: Eric Voegelin: Die Neue Wissenschaft der Politik
40: Javier Muguerza (Hg.): Ethik aus Unbehagen. 25 Jahre ethische Diskussion in Spanien
41: Jan Cattepoel: Dämonie und Gesellschaft. Søren Kierkegaard als Sozialkritiker und Kommunikationstheoretiker
42: Wolfgang Enderlein: Abwägung in Recht und Moral
43: Jean-Claude Wolf: Verhütung oder Vergeltung? Einführung in ethische Straftheorien
44: Hans-Ulrich Hoche: Elemente einer Anatomie der Verpflichtung. Wollenslogisch-pragmatische Grundlegung einer Theorie des moralischen Argumentierens
45: Jean-Claude Wolf: John Stuart Mills Utilitarismus. Ein kritischer Kommentar

Verlag Karl Alber, Freiburg/München